8

『마을』을
구독해주십시오!

───────────

『마을』을 21세기 마을의 삶을 상상하고 실행할
"공론의 장"으로 만들어가기 위해
여러분의 구독과 후원이 절실히 필요합니다.
『마을』을 구독하고 후원하는 가장 좋은 방법은
마을학회 일소공도의 회원으로 가입하시는 것입니다.

『마을』 구입

마을학회 줄기회원으로 가입하시면 절판되지 않은
과월호와 신간호를 모두 무료로 우송해드립니다.
비회원이신 분도 학회에서 구입하시면 정가의 20%를
할인해드리고 『마을』 3호를 무료로 증정합니다.
* 창간호 PDF파일은 홈페이지에서 무료로 다운로드 받으실 수 있습니다.

사무국	maeulogy@naver.com
홈페이지	https://cafe.naver.com/oolocalsociety
계좌	농협 351-0966-6069-13 (예금주 마을학회 일소공도)
온라인서점	알라딘 / 예스24 / 인터파크도서 / 교보문고

마을학회
회원 가입 안내

———————

뿌리회원

가입비 2만 원 이상
혜택 마을학회 월간 웹진《일소공도》를 보내드립니다.
『마을』을 할인가로 드립니다.

줄기회원

가입비 2만 원 이상과 월회비 1만 원 이상
혜택 마을학회 월간 웹진《일소공도》를 보내드립니다.
마을학회에서 발간하는 연구자료물을 무료로 보내드립니다.
과월호와 신간호『마을』을 모두 무료로 보내드립니다.
마을학회가 연 2회 개최하는 강학회 참가비를 할인해드립니다.

후원회원

후원금을 기부하여
마을학회 일소공도의 활동을 지지하실 수 있습니다.
후원금액에 따른 다양한 혜택을 드립니다.

회원가입 신청 안내와 신청서 다운로드 https://cafe.naver.com/oolocalsociety

차례

열며
006 다시 던지는 질문 | 박영선

틔움 **마을을 살리는 먹거리 운동**
013 마을의 먹거리 순환과 지역자급론 | 구자인
026 먹거리 운동의 작은 역사 | 송원규
038 다시 농민조직을 생각한다 | 정영환
045 마을의 먹거리 정의는 가능한가 | 박진희
054 언니네텃밭 꾸러미 사업의 경험과 시사점 | 구점숙
061 소비자가 바라본 대안 먹거리 운동 | 정은정
074 농식품 폐기물을 어떻게 줄일 것인가 | 홍연아

포토에세이 **한국 근현대 마을 공간 변천기 6**
082 시골장터 이야기 | 정영신

벼림 **농민·농업·농촌 연속좌담 7**
103 마을을 위한 먹거리 순환 관계망
 | 김경숙·김정섭·이보은·정상진·정천섭 외

스밈	**농촌으로부터**
147	전통시장, 로컬푸드, 텃밭장터 ǀ 복권승
156	변두리의 성찰과 모험의 윤리 ǀ 정민철

지상전시

162 　과객―부모님의 연필 ǀ 김학량

특별기고

174 　덕의 회복과 공정사회 이론 ǀ 함성호

연재	**마을살이를 위한 개념어사전 2 ǀ 거버넌스**
200	힘겨움의 주체들과 더불어 ǀ 유대칠

서평	**책 너머 삶을 읽다**
216	비웃음을 당한 철학자들 ǀ 장정일
	슬라보에 지젝의 『잃어버린 시간을 위한 연대기―팬데믹을
	철학적으로 사유해야 하는 이유』
	조르조 아감벤의 『얼굴 없는 인간―팬데믹에 대한 인문학적 사유』

221 　저자들

225 　마을 총목차

열며 | # 다시 던지는 질문

박영선
『마을』 편집위원장

1

농업은 단지 먹거리를 생산·공급하는 경제적 역할만을 하는 것이 아니다. 자연과 인간의 전체 관계를 형성하는 생태적 결정력을 지니고, 경제 지표로 수치화될 수 없는 공공적 가치를 생성하는 등 다양한 역할을 한다. 그래서 자본주의 체제 하의 국제 교역에서조차도 농업은 각 국가에 의해 보호되어왔다. 그러나 1980년대 신자유주의 이후 농산물 보호무역 정책이 약화되고 우루과이라운드의 다자간 협상을 계기로 농화학 기업들이 초국가적 지배력을 전 세계 농업에 행사하게 되었다. 이후 농민과 농촌은 '먹거리 제국'이라고 불리는 이들 기업자본에 의해 '재식민지화'되고 있다.

이런 상황에 대항해서 먹거리 주권을 지키기 위해 다양한 대안 먹거리 운동들이 친환경 농산물 생산-유통-소비를 중심으로 시도되어왔다. 그러나 이 운동은 자본주의 시장이 설정한 먹거리(상품) 생산자와 소비자의 관계에 바탕한 기존 농산물 유통 체계에 대해 근본적으로 성찰·투쟁하지 않고 지속되면서 대규모화·제도화되어 운동력을 상실했다. 오히려 대규모 단작 영농이라는 자본주의적 영농 방식을 써서 충분한 물량을 공급해줄 수 있는 대농에게 매출액의 대부분을 넘겨주는, 부익부 빈익빈이라는 양극화 현상을 농촌에서 심화시키는 데 일조하고 있기까지 하다. 이 문제는, 자본주의 유통 체계가 각자의 이윤 극대화를 목적으로 부여하는 '상품 생산자-유통자-소비자'라는 역할 회로로부터 먹거리 운동 주체들이 스스로를 해방시키기 전에는 근본적 해결이 어렵다.

우리는 모두 먹거리를 먹고 산다. 농민은 농사를 지어서 먹거리를 생산한다. 농업은, "살아있는 자연과 인간의 상호작용을 통해 서로를 변화시키는 '공동 생산' 활동"이다(얀 다우 판 더르 플루흐, 『농민과 농업』, 따비, 2018, 김정섭 옮김, 1장). 마을 즉 농촌은 이런 비자본주의적(이윤의 극대화를 추구하는 자본주의 체계에 전적으로 포섭될 수 없는) 생산 활동이 일어나는 곳이다. 인류문명 이래 지속되어온 이 본원적 연관은 우리에게, 이윤을 목적으로 상품의 생산자와 소비자를 매개하는 유통 관계가 아니라 지구 환경-농민-농업-농촌의 상호지속, 즉 마을이라는 확장된 맥락에서 먹거리 문제에 접근할 것을 요청한다.

이런 문제의식에 바탕해서, 『마을』 8호는 먹거리 문제에 대응해온 다양한 대안 운동들이 종국에 처하고야 마는 곤경의 원인을 진단하고 먹거리 운동을 추동할 질문을 다시 던지려 한다. 마을을 살리는 먹거리 순환 관계망을 어떻게 만들어갈 것인가?

2

트임의 글들은 각 필자에 따라 구체적 내용은 다를지라도 기존의 대안 먹거리 운동과 먹거리 정책의 문제를 인식하고 마을을 살리는 먹거리 순환 관계망을 만들어야 한다는 방향을 공유한다.

구자인은, 자본주의 시장경제에 기반한 현대 농산물 유통 체계가 낳는 모순들을 비판하면서, 농촌사회의 내발적 발전이라는 포괄적 맥락에서 먹거리 문제를 바라보기 위한 방편으로 지역자급론에 대한 재해석을 시도한다. 먹거리 운동이 마을을 살리기 위해서는 지역자치에 기반한 지역자급 관계망이 중요함을 강조하고, 기존 먹거리 운동의 내용을 정책화한 문재인 정부의 푸드플랜(먹거리 전략)이 지닌 한계를 지적하며 해결 방안을 제안한다.

송원규는 세계화 이후 주류 먹거리 체계에 대항하는 먹거리 운동이 일어나게 된 배경과 문제의식을 정리하고, 기존 먹거리 운동의 다양한 논점과 실천 및 한계, 개별화·제도화되는 기존 운동이 사회적 가치를 공유하고 연대를 강화할 수 있도록 통합을 시도하는 최근의 운동 흐름을 사회역사적 맥락에서 개관한다.

정영환은, 유통을 중심에 둔 생산자 조직의 대형화와 관행화로 인해 농촌 현장에서 중소농민들이 처해 있는 위기 상황을 농민의 관점에서 구체적으로 짚고, 기존 농산물 유통 체계에 포섭되어가는 개별 생산자나 단체의 집단이기주의가 마을의 공통적 가치를 손상하는 문제를 해결할 방안을 제안한다.

박진희는, 10여 년의 귀농 생활 동안 경험한 부익부 빈익빈의 적나라한 현실을 짚는다. 특히 '가족소농'과 '마을공동체'라는 용어가 기존의 소비자 중심 먹거리 운동과 정책 결정자 등 외부자의 시선에 의해 지나치게 이상화(대상화)되어 결코 그렇게 살 수 없는 농민과 농업이 처한 현실을 은폐하는 현상을 지적하고, 먹거리 정의의 시작은 마을을 돌보는 일 즉 노인돌봄과 농민돌봄으로부터 시작되어야 한다고 역설한다.

구점숙은, 단작화된 대농 중심의 생산·유통 체계에서 배제되는 여성 소농들을 조직한 먹거리 운동으로 평가되는 언니네텃밭 제철꾸러미 사업을 10여 년간 운영해오면서 부딪힌 어려움의 세부를 정리한다. 그리고 마을과 지역에서 생산되는 먹거리를 우선 마을과 지역 내부의 먹거리 취약 계층에게 제공하는 먹거리 순환 관계망을 만들자고 제안한다.

정은정은, 도시 소비자의 입장에서 생협이나 로컬푸드, 학교급식 운동 등 이른바 '대안' 먹거리 운동이 방향성을 잃어버리는 현상들을 예리하게 묘파하면서, 먹거리 운동의 본령은 어렵고 힘든 이들의 밥상을 지키는 것이어야 함을 역설한다.

홍연아는, 기존의 농식품 유통 체계 내에서 세계 총 곡물 생산량의 절반에 달하는 먹거리가 식탁에 오르지 못하고 버려지는 놀라운 상황을 분석하고, 농식품 폐기물이 만들어지기 전에 발생을 억제하는 방안을 제안한다.

벼림에서는, 이번 호의 기획 주제를 실천적으로 구현하기 위해 제안되는 '먹거리 순환 관계망'을 어떻게 만들 수 있을 것인지를 좌담자들의 활동 경험과 성찰에 입각한 관점에서 논의한다. 트임에서 미처 다루지 못한 내용들이 풍부하고 구체적으로 논의되므로, 독자들의 일독을 권한다.

스밈에서 복권승은, 오일장과 난장에서부터 오늘날 기획된 텃밭장터에 이르는 마을시장의 변천사와 권할 만한 사례들을 소개하고, 대농들을 위한 로컬푸드 정책에서 소외되어온 소농들을 위한 장터가 필요하다고 제안한다.

특별기고에서 함성호는, 2017년 일어난 인천국제공항 사태가 우리 사회에 일으킨 공정과 정의를 둘러싼 논란의 함의가 무엇인지를 묻는다. 그리고 서유럽과 동아시아 문명사의 맥락, 맹목적 자유주의를 선택한 미국에서 구성된 정의와 공정 이론들을 검토한다. 인국공 사태는 이 두 문명과 미국 발 담론이 충돌하는 한국 사회가 겪을 수밖에 없는 증상임을 밝힌다. 그리고 과거제도에 함축된, 능력주의와 수신修身을 통해 존중과 인정, 사과와 관용이라는 공동체의 덕을 함양함으로써 형성되는, 공동체의 이상을 실현하는 개인으로서의 '나'라는 흥미로운 개념을 제시한다.

마을을 위한 개념어사전의 두 번째 연재에서 유대칠은, 어디에서나 등장하지만 그 뜻이 또렷하지 않은 '거버넌스'라는 용어의 개념을 철학적 맥락과 실제 사례들을 통해 알기 쉽게 조명한다.

서평에서 장정일은, 지젝과 아감벤이 제시하는, 팬데믹 상황이 인류에게 요청하는 철학적 성찰의 내용을 다룬다.

포토에세이와 지상전시에 귀중한 사진과 그림 들을 주신 정영신, 김학량 선생을 비롯한 모든 필자와 좌담자, 그리고 마을학회 일소공도와 『마을』을 지지해주시는 독자 여러분께 감사드린다.

트임

마을을 살리는
먹거리 운동

마을의 먹거리 순환과 지역자급론 | 구자인

먹거리 운동의 작은 역사 | 송원규

다시 농민조직을 생각한다 | 정영환

마을의 먹거리 정의는 가능한가 | 박진희

언니네텃밭 꾸러미 사업의 경험과 시사점 | 구점숙

소비자가 바라본 대안 먹거리 운동 | 정은정

농식품 폐기물을 어떻게 줄일 것인가 | 홍연아

마을의 먹거리 순환과 지역자급론

구자인
『마을』 편집위원,
마을연구소 일소공도 소장

현대적 농산물 유통 체계와 농촌사회의 변화

우리나라는 근대화 과정을 거치면서 농촌 마을의 구성 원리와 가치 지향, 존재 의미 등이 완전히 변모했다. 농업의 규모화가 진전되고 환금작물이 대세가 되면서, 당연한 미풍양속으로 여겨지던 농가 단위 자급자족도 자본주의 시장경제 이데올로기에서는 완전히 퇴물 취급을 당했다. 농촌 인구가 급속히 줄고 초고령화되면서 농가 자체가 해체되고 농산물 유통 범위가 전 세계로 확장된 결과다. 생산자 농민은 자신이 농사지은 몇 가지 외에는 도시 소비자처럼 모두 마트에서 농산물을 사 먹는 존재가 되었다. 농촌은 여전히 도시를 위한 농산물 생산기지이자 노동력 공급기지 역할을 하고 있다.

또 생산과 생활 모든 영역에 걸쳐 자연과의 순환·공생 관계를 유지했던 농촌 마을은 자연에서 분리되기 시작하여 자연(토지)을 농업생산 수단으로 대상화했다. 산지 간 농산물 생산 경쟁이 심해지면서 농법은 자연을 총체적으로 착취하는 방향으로 진화하여 마을과 자연의 대립은 더욱 심화되었다. 단작화·규모화·화학화 농업이 그 전형적 보기다. 이것이 이른바 '농업 근대화'가 초래한 결과며 전 세계 농촌이 처한 상황이기도 하다. 따라서 농촌의 자연(자원)은 그 지역사회의 공익을 위한 소유나 이용에서 벗어나 다른 지역을 위한 수단으로 전환된다. 시장경제가 확장되면서 자원 이용을 둘러싼 (산지 간 경쟁을 포함한) 경쟁은 더욱더 강화되어, 서울을 정점으로 농촌 구석구석까지 위계화된 피라미드 구조를 이루고 있다.

시장경제에 기반한 현대의 농산물 유통은 다음 같은 모순을 낳고 있다. 우선, 농가는 시장에서 가격이 높은 농산물을 생산하여 소득을 높이려 한다. 유통업자는 농산물을 소비자에게 제공하는 과정에서 보다 많은 이윤을 추구한다. 소비자도 좋아하는 물건을 원하는 때에 원하는 만큼 저렴한 가격에 구입하려 한다. 시장경제 하에서 이러한 욕망들은 서로 충돌하며 생산자와 소비자를 더욱 분리시켜, 생산자는 현금소득을 소비자는 물질적 만족도를 최대한 높이려 한다. 그 결과 농촌의 토지 환경을 전면 착취하는 방향으로 농법이 급속하게 진전되고, 엄청난 농업 쓰레기도 생겨난다. 먹거리의 안전성은 저해되고, 자연과의 순환 고리가 파괴되면서 농촌은 본래 모습과 반대 방향으로 가게 된다. 먹거리를 시장 상품으로만 취급하는 산업적·기업적 유통 체계에 대해 어떤 형태로든 제한을 가하지 않으면 이런 악순환은 계속된다.

농촌사회의 지속가능성을 위한 지역자급론의 재구성

농촌사회의 바람직한 모습은 무엇일까? 도시와 농촌의 관계는 어떠해야 하는가? 시장경제나 농촌 근대화에 바탕한 기존의 발전론을 거부하고, 농촌 스스로의 힘으로 나아가는 내발적 발전론의 관점에서 지속가능한 농촌사회의 전망을 그려야 한다. 현대 농산물 유통 체계의 근본적

한계를 제기하고 문제 해결을 모색하려면, '지역자급론'에 다시 주목해볼 필요가 있다. 지역의 자급력自給力이야말로, 자치력自治力의 기본이 되고 농촌사회의 지속가능성을 확보할 출발점이 되기 때문이다.

일본 경제학자 다베타 마사히로 교수는 1970년대 말부터 일본 농산어촌의 근대화 과정에 대한 현지조사를 통해 지역자급이란 관점을 제시했다. 1982년부터 유기농업 운동이 활발했던 일본 농촌이 "개별 농가나 지역 단위로 유축有畜 복합경영으로 전환하고 농가경제 그 자체도 시장의존형에서 자급형으로 바뀌고 있다"고 진단하고, 유기농업에 의한 윤작과 다품목 경영을 높이 평가했다. 그리고 모리타 시로 교수의 소농론에서 힌트를 얻어 '소농'이 '마을'과 밀접하게 결합되어 있는 점에도 주목했다. 다베타 교수는 "농업의 순환 관계만이 공동체를 지탱하며 생산과 소비(생활)의 장이 그 내부에 있기 때문에 공동체와 농업은 갱신성(영속성)을 가진다. 소농과 마을을 연결하고 있는 것은 비非시장적인 생활 기반의 공유다"라고 결론지었다. 이 발상은 칼 폴라니에게서도 크게 영향을 받았다. 농촌의 지속가능성을 재구축하기 위해서는 시장경제에 종속된 농업을 "지역사회로 되돌린다"는 지역자급의 관점이 중요하며, "'약육강식의 세계시장 경제'가 아닌 '생명과 물질의 순환을 토대로 하는 지역자급 경제'로 대체하려는 시도"가 중요함을 강조했다. 이런 그의 논의는 엔트로피학회, 코몬즈학회 등에서의 활동으로 지속되어왔다.

지역자급론은 '농촌사회의 지속가능성'이나 '먹거리 순환 관계망'을 마을의 관점에서 검토하는 데 중요한 개념이다. 지금의 코로나19 팬데믹 상황은 관점의 근본적 전환을 요청한다. 하지만 지역자급이라는 용어 자체가 토론과 소통 과정에서 혼란을 일으킬 소지가 많다. 이 용어가 너무 좁게 이해되는 측면도 있고, 당장 시장경제를 무시한 시대착오적 발상이라는 비판도 제기된다. 이런 난점을 피하기 위해 필자는 과거에 다베타 교수의 연구 성과를 기초로 지역자급론에 대해 구체적으로 정리한 적이 있다.[1] 먹거리 문제를 바라보는 관점의 전환과 실천적 상상력을 촉구하는 맥락에서, 그 내용을 간략히 소개하려 한다.

지역자급의 개념 정의와 바람직한 수준

먼저 '지역'의 개념을 명확히 할 필요가 있다. 지역이란 자연과 상호작용하면서 역사적으로 형성되었다. 따라서 지역 나름의 독자성이 있다. 지역은 자연 마을에서 읍면–자치단체–국가 등으로 확산되는 '크기대로 포개 담은 한 벌의 그릇 같은 구조'로 중층적인 모습을 보인다. 사람이 살고 있는 공간이기에, 강조점만 다르지 '지역사회'라는 표현과 같은 뜻이기도 하다. 또 지역은 자연과 분리해서 생각할 수 없다. 인간의 생산과 생활 어느 한쪽에서 자연과의 연결고리가 끊어지면 자연 파괴와 환경 오염이 일어난다.

지역자급이라는 개념은, "인간과 자연의 상호관련 체계(자원이용 체계)의 한 형태로 먹거리나 생활 자재 등의 생산·유통·소비를 일정한 공간 안에서 행하는 것"으로 좁게 정의할 수 있다. 이는, 인간이 사는 지역사회와 자연의 상호관계를 강조함과 더불어, 지역사회 내부의 순환적 관계도 동시에 주목한 정의인 셈이다. 대체로 지역의 자급을 '지역 내에서의 100% 공급'으로, 반면에 지역의 '자립'은 '100% 자급에서 100% 의존까지 다양'하다고 구분하는 경향이다. 하지만 자연과의 순환적 관계를 강조하면서 지역사회의 지속가능성도 고려하기 위해서

---

[1] 구자인, 『일본 농산촌사회의 역사적 변천과 지속가능성에 관한 연구日本における農山村社会の歷史的変遷と持続可能性に関する研究』(돗토리대학대학원 연합농학연구과 박사학위논문, 2003) 참고. 이하 내용은 원문 출처 표기 없이 요약했다.

는 '자립'보다 '자급'이라는 용어가 훨씬 더 명확하다.

현대사회는 모든 것이 상품으로 생산–판매–소비되는 유통 중심 사회다. 자연계는 (물과 바람, 태양에너지 등의 흐름으로 금방 알 수 있듯이) 에너지법칙과 엔트로피법칙에 따라 항상 역동적으로 움직인다. 따라서 본디 100% 자급사회란 있을 수 없고 바람직하지도 않다. 옛날 농촌도 완전한 폐쇄 경제, 즉 100% 자급자족 상태는 아니었다. 예를 들면 쌀을 비롯한 지역에서 농사지은 먹거리들은 한편으로 가장 중요한 현금 소득원이기도 했다. 농민들은 '파는 사람이 사는 사람'이기도 한 오일장에 나가 농산물이나 장작·석탄·가마니 등을 팔아 부족한 물자나 현금을 보충했다.

바람직한 자급 수준은 생산되는 농산물이나 생활자재, 교육·의료·돌봄·소방 등 서비스의 종류에 따라 다르며, 자급 대상의 양적·질적 측면과 관련 있다. 농촌의 지리적 특성(산촌, 평야지대 농촌, 근교 농촌, 어촌)에 따라서도 크게 다르다. 자급의 공간적 범위를 어디까지로 설정할 것인가라는 문제와도 관련된다. 이처럼 다양한 조합에 따라 바람직한 자급 수준이 정해질 수 있다. 지역의 토지와 사회 환경의 수용력 carrying capacity을 고려하면서, 해당 지역의 지속가능성을 보장하기 위한 전제로서 자급률 수준을 높여가야 할 것이다. 유기농산물 중심의 생협 운동에서 보듯이 원거리 이동은 원칙적으로 바람직하지 않고, 또 생협에 지나치게 의존하는 농촌일수록 지속가능성 면에서 위험할 수 있다.

요컨대 지역자급은 모든 것을 완전히 자급자족한다는 정태적 의미로 사용하는 것이 아니고, 자급자족을 이루기 위해 사회적으로 조정하는 실천 과정까지를 포함하는 동태적 개념이다. 따라서 지역자급은 대량 생산–대규모 유통–대량 소비–대량 폐기로 연결되는 거대한 시장경제 체계를 지역 스스로 관리·통제하기 위해 필요한 개념이기도 하며, 지역사회를 지속가능하게 전환하기 위한 기본논리가 될 수도 있다. 지역자급 개념을 이렇게 재정의함으로써 자연-사회-경제의 순환 고리를 지역사회 안에서 재구축하자는 논의도 가능하고, 지역자급을 기본원리로 한 다양한 지역사회도 구상할 수 있으며, 이런 지역사회들 사이의 대등한 관계도 이루어질 수 있다.

지역자급의 대상과 범위, 그리고 자급 주체

지역자급의 대상이 되는 것은 물론 먹거리로만 한정되지 않는다. 크게 '유형물有形物, 사람, 돈' 세 가지로 구분할 수 있다. 이 셋은 눈에 보이는 형태의 자급 대상뿐 아니라 이를 바탕으로 하는 인간의 정신·심리 차원에서 마음의 자급까지도 포괄할 수 있다.

'유형물'은 가장 기본이 되는 먹거리 외에 물과 에너지·퇴비·사료 등 유형 자원을 뜻한다. '사람'은 인간 자체를 비롯한 노동력, 고용, (교육·의료·소방 등의) 서비스를 의미한다. 사람의 자급은 인구 재생산을 통한 적정인구 유지가 기본이고, 이를 통해 지역 내 고용 창출과 유지도 가능하다. 교육·의료 등 사람에 의한, 사람을 위한 다양한 사회 서비스도 자급 대상이 된다. 농촌에서는 '품앗이'로 표현되듯이 여러 서비스(노동)를 상호부조하며 자급력으로 대응하는 사회문화적 장치를 오랫동안 발전시켜왔다. '돈'은 현금 그 자체와 추상적 자본, 행정상의 재정 등을 포함한다. 돈의 자급은 '경제적·재정적 자립'이라는 표현으로 흔히 사용된다. 현대 농촌은 모든 것을 화폐로 치환하여 거래하게 되었기 때문에 농촌의 장점이 크게 훼손되었다. 다양한 형태의 지역화폐 논의를 확장하여 각종 세금이나 공과금을 지역에서 농사지은 먹거리 현물로 납부할 수만 있어도, 농촌경제는 훨씬 원활하게 작동될 수 있다. 돈과 사람의 자급이 가능해지면 농촌사회가 훨씬 윤택해지고 현금 지출 필요성도 많이 줄어들게 된다.

지역자급을 실천하는 주체는 공간적 범위와 연결되어 개인-농가-읍면-자치단체-국가 등 다양한 단계가 있을 수 있고 각각 나름대로 의미가 있다. 복잡한 현대사회에서는 특히 '인간 생활과 사회 형성의 원점'을 생각하며 지역사회의 발생 과정을 체험해볼 필요가 있다. 이 체험을 통해 자급의 중요성을 실감하게 된다. 한 개인이 자급 수준을 높이면서 자신의 한계를 알게 되고, 지역 내에서 이웃과 함께할 필요를 느끼면서 교환이 발전하게 되고, 이런 과정에서 지역자급의 필요성도 실감하게 된다. 전통적으로는 농가가 먹거리와 생산 자재, 물, 에너지 등을 자급하는 기본단위였고, 이를 기반으로 지역자급이 확산되어 왔다. 우리가 소농·가족농·유기농을 중시하는 것도 이런 가치 때문이다. 농가가 자신의 생계 전략과 농촌의 자급 전통을 조화시키는 방향으로 농가 자급률을 높이고, 잉여분을 해결하는 방법으로 학교급식·직매장·농가장터 등을 공동으로 실천하기 위해 노력해야 한다.

지역자급의 유형과 시사점

앞에서 설명한 지역자급의 대상이나 주체·범위·목적 등에 따라, 또 각각의 조합에 따라 지역자급의 유형도 다양하게 나뉠 수 있다. 예를 들어, 농산물의 생산과 가공 활동은 농가 단위에서 마을-읍면-자치단체 등 단계마다 다양하게 행해지고, 각각의 목적이나 노동 형태, 원료 조달 방식, 기술과 시설 설비, 판매 방법 등도 다르다. 에너지·서비스·경제 등으로 대상을 확장해도 각 단계마다 그 방법과 목적은 다를 수밖에 없다. 하지만 지역자급의 주체와 범위를 중심으로 구분하자면 아래와 같은 유형이 가장 기본적이다.

(1) 농가 자급형: 지역자급의 출발점이다. 농가 자급이 기본으로 자리 잡아야 마을과 읍면, 자치단체 단계에서의 자급도 가능하다. 유기농업 실천 농가를 중심으로 발달되어 있다. 하지만 '다품목 소량생산'의 생협 공급이나 제철꾸러미, 공동체지원농업CSA, 6차산업화, 사회적농장 등을 농가 단위로 실천하기는 현실적으로 쉽지 않다.

(2) 마을 자급형: 마을 규모에서는 지역 자연을 이용한 공동생산 활동(임야 이용, 수로 관리, 모내기와 수확 등)이 가능하고, 1970년대까지는 대부분 지역자급이 유지되어왔다. 마을만들기 차원에서 농산물 가공이나 공동체지원농업, 사회적농업, 먹거리 돌봄 등에 도전하기에 가장 쉬운 단위다. 다만, '마을'의 규모와 범위는 해당 지역의 자연지형과 역사적 배경, 인척 관계, 교류 정도 등에 따라 달라진다. 나아가 현대 교통의 발달, 경제의 국제화 등을 감안하면 그 범위는 예전보다 훨씬 넓어졌다. 그럼에도 주민들의 생활세계인 면의 경계를 넘어서 자치단체로 확장하게 되면 정책적·제도적 차원에서 지역자급을 논할 수밖에 없게 된다.

(3) 면面 자급형: 농촌에서 '면'은 원래 기초자치단체였지만, 1989년 지방자치법 전면 개정 과정에서 자치단체로서의 지위를 잃어버렸다. 인구 규모도 1만 명 전후를 유지했지만 근대화와 도시화 과정에서 그 수가 격감했다. 그럼에도 농업·경제·교육·복지 등 종합적 측면에서 지역자급의 가장 현실적 단위이고, 결코 포기할 수 없는 지역사회라 하겠다. 경축순환, 다품목 소량생산, 로컬푸드, 자급과 판매의 조화, 농업의 사회적 기능 등 지역농업 관계망을 어느 정도 완결시킬 수 있는 공간 단위다. 다만 현재의 지방자치제에서 면 단위는 정책을 결정할 수 있는 권한이 없고, 최근에 조직되기 시작한 주민자치회에 지역계획 수립 기능이 요구되고 있는 정도다. 그럼에도

우리가 지금 당장 가장 크게 관심을 가져야 할 지역자급 유형이라 할 수 있다.

(4) 기초자치단체 자급형: 기초자치단체는 지방자치의 행정권을 발휘하는 최소 단위로서, 현재의 농업 생산과 생활을 통합하고 종합적 지역계획을 집행할 권한이 주어져 있다. 지역자급의 목표와 내용을 종합적으로 계획하고 읍면 지역사회 관점에서 실현되도록 지원하는 것이 자치단체의 본래 책무다. 먹거리의 지역자급률을 정하는 것, 인구 유지와 고용 확대를 추진하는 것, 재정자립도를 높이는 것도 기본 책무다. 또 지역자급 실현을 위해 각 농가와 마을의 활동을 연결시키고, 읍면 단위로써는 부족한 부분을 서로 보완하면서 지역자급 관계망을 만들고, 인근 지자체와 대도시 등 외부 사회와의 수급을 조절하는 일도 기초자치단체이기에 가능하다. 꾸러미 사업도 기초자치단체 내부에서 소비자를 조직하고 교류하는 경험을 쌓으면서 위험부담을 줄이는 것이 기본이다.

각 단계가 올라감에 따라 자급의 질도 서서히 높아지겠지만 꼭 첫 단계부터 시작해야 한다거나 마지막 단계가 가장 중요하다고 평가할 필요는 없다. 단계마다 나름의 목적이 있고, 어느 정도 독립성을 유지한 채 보완하는 방향에서 중층적으로 발전해가는 것이다. 처음 시작하려는 주체가 가진 조건에서 가능한 일부터 시작하는 것이 전제가 된다. 그럼에도 작은 단위에서부터 자급률을 높이려 노력할수록 '얼굴 아는' 사회적 관계가 복원되고 각종 생활 폐기물도 감소한다. 각 주체가 먹거리를 통제할 수 있는 자치 권한과 지역사회의 안정성도 강화될 수 있다.

실천 과정으로서의 지역자급과 지역자치

지역자급을 위한 생산 과정이나 주민 생활은 자연에 대한 일상적 노동을 전제로 성립된다. 노동 과정 자체가 자연을 대상으로 하는 동태적 과정이기 때문에 지역자급도 항상 실천 과정을 수반하는 개념으로 이해해야 한다. 심각한 인구 감소와 초고령화 상황에 처한 현대 농촌이라 하더라도, 농지가 협소하다, 일손이 부족하다, 일자리가 없다, 재정력 지수가 낮다는 등의 이유로 처음부터 지역자급을 포기할 필요는 없다. 우리가 식량자급률 목표를 정하고 이를 달성하기 위해 사회적 합의와 실천에 노력하는 것도 과정적 측면을 강조하기 위해서다.

이런 맥락에서 지역자급을 '지역자치'라는 개념과 결부시켜 생각하는 것이 중요하다. '지역자치'는 "지역 스스로 의사결정 권한을 가지고, 그 주체성을 기반으로 지역의 생산 활동과 생활을 영위하는 것이고, 또 국가나 도시·시장에 대해 일정한 독립성을 가지고 평등한 관계를 지향하는 것"을 뜻한다. 지역자치는 지역주민의 의식과 생활양식, 지역사회의 바람직한 방향을 지역 스스로 결정하는 것이고, 도시와의 교류나 보조금 취급 방법, 귀농귀촌인 정착 문제, 지역사회 의사결정 방식 등을 분석할 때도 매우 중요하게 등장한다. 지역자치는 지역자급에 비해 의사결정 권한과 외부 관계에 더 주목하며, '자율'과 '자결'을 포함하는 보다 넓은 개념으로 볼 수 있다.

지역의 자치력은 어디까지나 자급력을 바탕으로 실현된다. 특히 농촌에서는 이 둘이 서로 깊이 연관되어 있어서 자급력의 강도에 따라 자치력도 결정된다. 따라서 지역자치 개념도 '외부에 종속되지 않은 상태'뿐 아니라, '종속 체제를 인식하고 이것을 부정하고 극복하려는 실천 과정과 의사결정 방식'까지 포함한다. 지역의 필요를 스스로 해결해가는 역량인 자급력이야말로 농촌사회의 본래 모습이었다. 현대

사회에서 국가와 시장은 이런 농촌 마을마다의 자급력을 해체하고 균질화하면서 국민국가와 글로벌 경제를 강화하고 있다. 따라서 자급력이 자치력으로 연결될 때에만 미래 농촌사회의 지속가능성이 담보될 것이다.

현재의 먹거리 운동과 모색되어야 할 방안

한국 사회에서는 농촌의 자본주의화, 근대화, 도시화에 저항하는 다양한 사회운동이 있어왔다. 도시와 연계하여 대안적 먹거리 운동도 1980년대 말부터 지속되어왔다. 대표적으로 유기농업 운동이 있고, 생협·학교급식·로컬푸드·공공급식 등의 운동이 전개되어 왔다. 최근에는 '대안 먹거리 운동의 제도화'라는 맥락에서 푸드플랜(먹거리 전략) 운동으로 수렴되어 "그동안 농민운동 진영과 시민운동 진영에서 실천해 온 대안 농식품 운동을 중앙정부나 지방정부의 농업과 먹거리와 관련된 일련의 정책들과 결합한 것"[2]으로 평가된다. 그러면서 푸드플랜이 기존 먹거리 운동의 문제점을 풀어내는 '좋은 받침점과 근거지'가 되기를 기대하고 있다.

현재 대안적 먹거리 운동이 푸드플랜으로 수렴되고 복지와 인권, 기후위기 등의 의제까지 포괄하는 방향으로 확대되고 있다. 전국 여러 지자체에서 종합계획이 수립되고 국가 단위 계획도 수립되었다. 차기 대통령 선거에서도 중요 쟁점으로 부각시키려고 노력하는 농민단체

---

[2] 윤병선, 『푸드플랜, 농업과 먹거리 문제의 대안 모색』(울력, 2020), 215쪽. 이하 내용의 일부는 앞의 책에 대한 서평인 다음 글을 인용했다. 구자인, 「푸드플랜이란 '깃발', 지자체 현장에 더 깊이 뿌리 내리기」, 『농촌사회』 제31집 1호(농촌사회학회, 2021), 455~466쪽.

들이 많다. 그러나 현대적인 농산물 유통 체계에 대한 부분적 비판은 있지만 푸드플랜의 지역 범위와 실천 주체, 정책 설계 등에 대한 논의는 여전히 미흡하다. 물론 농촌의 자급력과 마을의 자치력에 관한 논의는 언급조차 되지 않는다. 어떤 방안을 찾아야 할까? 농촌 마을의 관점에서 어떤 상상을 해볼 수 있을까?

첫째, 면 단위에서 푸드플랜 계획을 우선 수립하는 것이 실효성이 훨씬 높다. 주민자치회 산하에 지역농업분과를 조직하고, 면 단위 발전계획을 수립할 때에 로컬푸드와 푸드플랜 계획을 적극 반영해야 한다. 그래야 현장에 밀착된, 주민들이 주도하는 계획이 될 수 있다. 또한 주민들이 먹거리 순환을 통제할 자치력도 기대할 수 있다. 농촌사회에 국가정책과 시장경제가 지나치게 침투하는 것을 막고, 지속가능성도 기대할 수 있다.

둘째, 행정도 민간도 '칸막이' 관행을 극복해야 푸드플랜의 가치를 실현할 수 있다. 먹거리 유통 문제로만 논의를 좁히면 현재의 한계를 극복하기 어렵다. 지역의 자급과 자치라는 관점에서 먹거리를 둘러싼 생산과 생활 전반의 통제 권한을 지역사회로 되돌릴 수 있어야 한다. 먹거리는 단순히 유통만의 문제가 아니고 공동체와 사회적경제, 통합돌봄, 기본생활권 등의 사회적 가치와도 밀접하게 연관된 정치적 개념이기 때문이다.

셋째, 푸드플랜은 풀뿌리 지방'자치' 운동으로 수렴되고 확산되어야 한다. 대안적 먹거리 운동이 지나치게 제도화되고 있는 이유는, 지역 중심의 주민운동이라는 관점을 잃어버렸기 때문이다. 경제적 소득 확보에 매몰되면 농촌사회에서 계속 분리되어 나갈 수밖에 없다. '수도권집중'이 아니라 '지방소멸'로 문제의 화살표가 바뀐 현재 상황은 문제의 본질을 놓쳤기 때문이다. 지역(마을)과 주민(농민) 관점에서 농산물 유통 문제에 접근한다면 푸드플랜도 당연히 지역자치 운동의 일환으로 접근해야 한다.

결국은, 농촌사회의 학습 운동을 조직하는 것이 대안을 찾는 출발점이다. "전 지구적으로 생각하고 지역적으로 실천하라"는 오래된 슬로건은 이 점을 강조한다. 다양한 대안 운동 그룹이 읍과 면 단위에서 공동학습회를 조직하여 지역사회 분석과 토론·합의의 과정을 반복한다면 새로운 안목을 얻고 연대와 협력의 지평도 넓힐 수 있다. 푸드플랜이라는 새로운 '깃발'도 결국 농촌 주민의 생활 현장에서 학습 운동으로 시작되어 지역문제 해결형 자치 운동으로 전개될 때 생명력을 얻을 수 있다. 지역의 자급력을 높이고 자치력을 강화하는 방향에서 먹거리 순환 문제도 모색해야 한다.

먹거리 운동의
작은 역사

송원규
농업농민정책연구소 녀름
부소장

먹거리 운동은 왜, 무엇을 하려고 하는가?

먹거리 문제에 관심 있는 사람이라면, 몇 차례 선거를 통해 중요한 사회적 의제가 되었던 친환경 무상급식, 친환경 먹거리를 중요한 생활재로 다루는 소비자 생협, 지역 생산과 지역 소비를 이야기하는 로컬푸드와 푸드플랜 등이 떠오를 것이다. 2008년 미국산 광우병 쇠고기 파동과 촛불시위, GMO 완전표시제 등 사회적·생태적으로 적절한 먹거리를 선택할 시민의 권리 보장을 요구했던 집단행동을 떠올리는 이도 있을 것이다. 2019년 11월 20일에는 누구나 누려야 할 '먹거리 기본권' 보장을 위해 활동하겠다는 '전국먹거리연대'가 창립되기도 했다. 새로운 세기가 시작된 이후, 특히 2007~2008년의 세계적 식량위기 이후, 다양한 주장과 정책을 내세우는 먹거리 운동이 국내외에서 활발하게 벌어지며 중앙·지방 정부에서 정책화되는 사례가 유행처럼 확산되고 있다. 그렇다면 먹거리 운동food movement은 무엇을 하려는 것일까? 다르게 묻는다면 먹거리 운동은 왜 필요할까? 잠시, 위에서 말한 전국먹거리연대의 창립선언문에 담긴 내용을 살펴보자.

먹거리는 경제, 사회, 환경, 건강, 교육, 문화에 이르기까지 많은 분야에 걸쳐 있다. 따라서 먹거리 문제는 그저 개인이 선택하는 문제가 아니라 사회적으로 책임질 문제이다. 높은 GMO 수입률, 낮은 식량 자급률, 수입 농산물로 가공되는 불안한 먹거리, 수입으로 인한 농업 생산구조 붕괴, 기업의 이윤을 위해서라면 건강도 산업이 되는 사회가 연결되어 발생하는 문제이다.

짧은 문단 안에 상당히 압축적으로 문제의식을 담아내고 있다. 풀어보자면, 지금 우리 사회의 먹거리가 생산되어 가공·유통을 거쳐 식탁에서 소비되고 폐기되거나 재활용되기까지의 과정이 안고 있는 '이윤 추구'라는 구조적 문제를 개인의 선택으로는 해결할 수 없다는 것이다. 더구나 먹거리는 인간 생활의 사회경제적 측면뿐 아니라 인간과 자연의 관계 맺기를 통해 지구 생태계에도 막대한 영향력을 끼친다. 따라서, 먹거리를 바꾸지 않고는 지속가능한 사회로의 전환 역시 가능하지

그림 1 ㅣ 먹거리 체계의 병목bottlenecks 구조

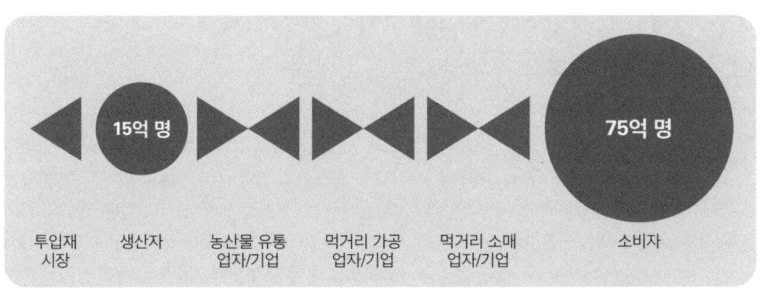

자료 출처: 플로리안 되르Florian Dörr, 「먹거리 체제의 기업 집중이 일다운 일에 주는 함의"Food Regimes, Corporate Concentration and Its Implications for Decent Work"」, 「남반구 농업의 일다운 일자리 부족: 측정, 동인 및 전략 Decent Work Deficits in Southern Agriculture: Measurements, Drivers and Strategies」(발전과 일다운 일자리를 위한 국제 센터 International Center for Development and Decent Work:ICDD, 2018).

않다는 고민도 담겨 있다. 이처럼 먹거리를 매개로 사회 변화를 추구하는 먹거리 운동의 문제의식이자 출발점을 표현하는 말이 '산업화된 먹거리 체계industrialized food system'이다. 또는 먹거리 체계의 권력이 소수 기업에 집중되어 있는 맥락을 강조해서, 세계화 이후의 체계를 '기업 먹거리 체계corporate food system'라고도 부른다.

〈그림 1〉에서처럼 산업화되고 자유무역에 의해 세계화된 먹거리 체계는 생산자(농민)의 먹거리 생산의 앞과 뒤, 그리고 소비자의 먹거리 구매의 앞을 쥐고 있는 적은 수의 기업과 자본에 의해 지배되고 있다. 농장에서 식탁까지를 하나의 선으로 이어진 먹거리 공급 사슬food supply chain로 본다면, 농업 투입재와 농장 생산까지를 상류upstream로, 도매 유통과 가공 부문을 중류midstream로, 그리고 소매 유통과 소비를 하류downstream로 구분한다. 〈그림 1〉에서 15억 명의 생산자 왼쪽에 있는 소수의 농업 투입재 제조 기업이 시장을 장악하고 있고, 생산자와 75억 명 소비자 사이에 있는 가공·유통 기업이 시장을 지배하고 있다.[1] 이런 체계 안에서는 농민과 시민의 선택권이 극히 제한되기 때문에, 결국은 기업이 장악한 시장에 의존할 수밖에 없게 된다. 먹거리 운동은 이처럼 심각한 의존성에서 벗어나기 위해 크게 두 가지 측면에서 먹거리 체계의 전환을 추구한다.

---

[1] 한 연구 기관의 분석에 따르면, 국제 농업 투입재 시장에서 상위 10개 기업의 점유율이 종자의 경우 73%, 농기계의 경우 65%, 비료의 경우 28%에 달하고 있다. 지속가능한 먹거리 체계에 관한 국제전문가위원단IPES-Food, 『먹여살리기에는 너무 큰. 농식품 부문의 거대 합병, 권력의 집중과 강화 영향에 대한 탐구"Too big to feed. Exploring the impacts of mega-mergers, consolidation and concentration of power in the agri-food sector"』(2017). 소매 유통 부문의 집중도 갈수록 심화되고 있는데, 이런 현상이 가장 두드러지는 유럽의 경우 상위 3개 대형 유통업체의 먹거리 소매 유통 점유율이 스웨덴 95%, 네덜란드 83%, 프랑스 64%, 스페인 44%, 그리스와 이탈리아 32%에 달하고 있다. 마이클 캐롤런Michael Carolan, 『먹거리와 농업의 사회학The Sociology of Food and Agriculture』(Routledge, 2021). 이 책의 번역서로는, 김철규와 SSK 먹거리와 지속가능성 연구팀이 옮긴 같은 제목의 책(따비, 2013)이 있다.

첫째, 사회 내 관계를 바꾸는 먹거리 민주주의의 실현이다. 이는 기업과 자본의 이윤을 중심으로 짜여있는 관계를 생산 주체인 농민과 소비 주체인 시민의 관계 중심으로 복원하여 자율성을 증진하려는 것이다. 이는 '먹거리 기본권' 보장과 '농민 권리' 보장에 대한 국가와 사회의 책임성을 강화할 정책과 제도를 확립하려는 시도로 나타난다. 이 시도를 통해, 사회경제적 요인 때문에 초래된 먹거리 양극화를 해소하고, 모든 시민이 건강한 밥상을 누릴 권리 및 생산자와 소비자에게 적정 소득과 가격을 보장하도록 현실을 바꾸기 위해서다.

둘째, 인간과 자연의 관계를 바꾸는 생태적 먹거리와 농업으로의 전환이다. 최근 기후위기에 대한 사회 인식이 변하면서, 지구적 위기에 대응하기 위해 먹거리 생산과 소비의 역할을 실천적으로 고민하는 움직임이 확대되고 있다. 많은 매체에서 인용하는 '한 명의 완벽한 비건보다 열 명의 불완전한 채식주의자가 지구를 바꾼다'는 말처럼, 석유 의존과 자연 착취로 만들어지는 식탁을 바꿔야 한다는 주장이 점차 공감을 얻고 있다. 더불어 더 많은 생산(증산)과 시장 판매를 통해 소득을 증대하자는 기존의 '생산주의'적 방향성을 자연과의 공생을 모색하는 생태적 생산체계로 전환하는 방안도 다양하게 모색되고 있다. 정리하자면, 식탁을 바꾸고 인간과 자연의 관계를 바꾸기 위해 생산과 소비 양쪽의 변화를 함께 추구함으로써, 산업적 먹거리 체계의 생태적 부담과 탄소 배출을 줄이고 지속가능한 먹거리 관계망으로의 근본적 전환을 모색하려는 것이다.

먹거리 운동의 이 같은 지향은 현실에서는 항상 거대한 장벽과 마주하게 된다. 바로 먹거리 관계망 전반에 걸쳐 지배력을 행사하는 기업들의 대응을 따라잡기가 쉽지 않다는 점이다. '위장환경주의 greenwashing'라고 부르는 이들 기업의 대응은, 먹거리 체계의 근본적 변화가 아니라 라벨과 광고 등으로 소비자를 기만하는 표면적 변화에 머무른다. 하지만 막대한 자본을 앞세우는 기업의 대응에 운동적 대응만으로는 한계가 있다보니, 때로는 먹거리 운동이 기업의 방식을 따라가면서 운동성을 상실하기도 한다. 이처럼 어려운 현실에서도 끊임없이 시민들과 함께할 수 있는 길을 모색해온 다양한 운동들이 있었다.

주류 먹거리 체계에 저항·대항해온 먹거리 운동들

역사적으로 산업적 먹거리 체계가 강화되고 이로 인한 폐해가 분명하게 드러나면서 먹거리 운동도 변화 혹은 진화해왔다. 먹거리를 매개로 사회 변화를 추구하는 사회운동으로서의 먹거리 운동은, 주류 먹거리 체계에 저항·대항하는 운동이라는 정체성을 지닌다. 즉, 주류 먹거리 체계로 인한 문제점을 선명히 드러내고 대안적 방향을 제시하는 것이다. 따라서 역사적 시기별로 먹거리를 둘러싼 사회적·경제적·생태적 문제를 중심으로 운동의 내용과 형식을 구성하게 된다.

먹거리 운동들은 당연히 각 국가와 지역의 사회역사적 맥락에 따라 달라진다. 하지만 세계화가 진전되고 산업화된 먹거리 체계가 보편화되면서 대부분 국가에서 비슷한 문제점을 드러내기 때문에 상당히 유사해질 수밖에 없다. 이 절에서는 세계화 이후 지구적 먹거리 체계 global food system에 저항하는 최근의 먹거리 운동을 다루기 때문에 국가와 지역에 따른 특수한 맥락은 고려하지 않았다. 먹거리를 둘러싼 사회적·경제적·생태적 문제의 부상에 따라 새롭게 시작되고 활성화되며, 때로는 쇠퇴하고 다른 운동과 협력하며 통합적 운동을 모색하기도 하는 다양한 먹거리 운동의 등장과 확산을 살펴보자.

유기농 먹거리 운동

 먹거리 운동이 주류 먹거리 체계에 대해 가졌던 문제의식은, 무엇보다 고투입농업의 생태환경적 문제가 심각해지면서 시작되었다. 물론 유기농업 운동은 그보다 훨씬 긴 역사를 가지고 있다. 그런데 이를 먹거리 소비와 연계시킨 운동은, 레이첼 카슨의 1962년 저작 『침묵의 봄』, 그리고 1972년 세계유기농운동연맹IFOAM의 창립 이후 활성화된 '유기농 먹거리 운동'이라고 할 수 있다. 유럽과 북미에서 환경운동이 활성화되면서, 유기농업 운동의 지역적·생태적 중요성에 동의하는 시민들이 직거래와 구매 협동조합 운동 등을 활발히 전개했다. 이 운동은 우리나라를 비롯해 산업화가 진전된 대부분의 국가에서 계속되고 있다. 하지만 자연과 인간의 관계 변화를 근본적으로 바꾸기보다 영농기술적 측면에 매몰되거나, 단순히 투입재를 유기농·친환경으로 대체하는 산업적 유기농이 확산되면서 주류 먹거리 체계에 포섭되었다는 비판을 받고 있다. 생산은 투입재에 의존하는 산업적인 방식으로 하면서 인증과 라벨로 소비자의 신뢰를 얻는 것은, 산업화된 관행적 농업 및 먹거리와 본질적으로 다르지 않다는 것이다. 이에 대해 유기농 먹거리 운동 내에서도 다양한 성찰과 대안 모색의 목소리가 커지고 있다.

슬로푸드 운동

 '슬로푸드 운동'은 1986년 이탈리아에서 패스트푸드의 세계화에 반대하는 운동으로 시작되었다. 그리고 광우병 파동 등 심각한 먹거리 안전 문제가 자주 발생하면서, 먹거리 문제를 넘어 생물학적 다양성, 유전자조작식품 반대, 먹거리 세계화 반대라는 관련 문제들로까지 확대되어 대안사회 운동으로까지 발전했다. 슬로푸드 운동은 지역에 기반한 소생산자의 농업 생산, 산업화된 농업을 탈피한 유기농업적 생산을 중시한다. 하지만 먹거리 안전 문제만을 중심으로 한 소비자 운동에 머물고 있다는 비판을 받는다. 강력한 소비자 운동이라는 장점이 있지만, 먹거리 구매력이 충분한 일부 계층에 머무르는 한계를 드러냈기 때문이다. 이 같은 비판의 배경에는, 산업적 먹거리의 안전 문제를 해결할 대안으로서 슬로푸드 운동이 소규모 지역생산, 유기농업 생산과 식탁의 연결이라는 생산·소비 연계라는 맥락을 상실한 현실에 대한 인식이 있다. 생산 가치에 대한 존중이 약화되면서, 중산층 이상의 충분한 구매력을 가진 소비자들이 안전하고 질 좋은 먹거리를 독점적으로 향유하는 소비 현상만 남았다는 것이다. 이런 현실을 자각하면서, 슬로푸드 운동은 로컬푸드 운동이 생산-소비 관계 회복에 주력하는 측면을 적극적으로 수용하는 등 변화를 모색하고 있다.

로컬푸드 운동과 먹거리 계획 운동

최근 국내외에서 광범하게 확산되고 있는 로컬푸드 운동은, 먹거리 세계화에 대항하는 '짧은 공급 사슬short supply chain'을 지향한다는 공통점을 갖는다. 하지만 그 실천 양상들은 다채롭다. 공동체지원농업[2]이라는 상당히 결속력 높은 형태에서부터, 농민 시장과 전문 매장(로컬푸드 직매장)이나 꾸러미box scheme라는 느슨한 회원제의 형태까지 폭이 넓다. 2000년대 들어 수입 먹거리가 급격히 증가하면서 농업과 농민이 위기에 처하고, 좋은 먹거리에 대한 관심이 증가하는 분위기 속에서 로컬푸드 운동이 시작되었다.

---

[2] 공동체지원농업community supported agriculture은 생산자와 소비자 간의 동반 관계 형성을 통해 서로가 책임을 나누고 농가에게는 정당한 보상이 이뤄지도록 하는 지역 생산·소비의 방식이다. 소비자 회원 가구들은 농가의 1년 영농 비용을 분담해서 납부해 안정적 경영을 보장하고 자연재해 등으로 발생할 수 있는 위험 부담을 나눈다. 누가 주도하느냐에 따라 생산자 주도형, 소비자 주도형, 생산자·소비자 협동조합형 등으로 구분하기도 한다.

생산자와 소비자의 관계 복원을 지향하는 사회운동이었던 로컬푸드 운동은, 2007~2008년 세계 식량위기 이후 시민사회의 운동과 지방정부의 협력을 기반으로 본격적 정책화의 길로 들어섰다. 한국의 경우 2017년부터 국정과제로 추진되는 이른바 '푸드플랜'이 있다.[3] 국외에서는 산업화 과정에서 심화된 도시/농촌의 분리와 이로 인한 도시 먹거리 문제, 특히 자급력 부족과 신선한 먹거리에 대한 접근성 미비 등을 도농간 협력과 공동 계획으로 해결하려는 도시 먹거리 계획의 추진 사례가 (식량위기를 계기로) 급속히 늘기 시작했다.

로컬푸드 운동이 공동체지원농업·농민시장·학교급식 등 개별 사업을 통해 생산자와 소비자의 관계를 모색했다면, 먹거리 계획 운동[4]은 지역 단위에서 종합적 계획을 수립하는 운동이다. 학교·공공급식 같은 먹거리 공공조달public food procurement이라는 강력한 정책수단을 통해 대안적 먹거리 순환 경로를 확장하고 생산-가공-유통-소비-폐기에 이르는 순환적 먹거리 관계망으로의 전환을 민관 협력을 통해 추진한다. 먹거리 계획 운동은, 과거의 먹거리 운동들이 개인이나 가구의 먹거리 구매력이라는 경제적 틀에서 벗어나지 못했던 한계를 먹거리 기본권이라는 관점에서 접근하고, 이에 대한 중앙·지방 정부의 책임성을 요구한다는 면에서 진일보했다고 하겠다.

---

3 국내 로컬푸드 운동 동향과 정책화의 흐름은 이 글 마지막 절에서 자세히 다룬다.

4 지역 단위 먹거리 계획 수립과 관련한 사회운동에 대해서는 아직 이론적·실천적으로 정리된 용어는 없다. 도시 먹거리 계획urban food planning이나 먹거리 전략food strategy이라는 흐름 뒤에 운동movement을 붙이는 방식으로 사용되고 있다. 국내에서는 푸드플랜이라는 용어를 운동과 정책 영역에서 모두 사용하고 있다.

먹거리 정의와 먹거리 주권

역사적 시기별로 중요한 계기들과 맞물려 등장하고 확산되는 다양한 먹거리 운동들은, 먹거리 문제를 개인의 선택이나 가족의 건강과 같은 미시적 수준에서뿐 아니라 지속가능한 사회라는 거시적·사회적 수준에서 먹거리 체계 전환을 도모하도록 발전시킨 측면이 있다. 하지만 사회적 파급력이 부족했다는 평가를 받고 있다. 이런 비판적 맥락에서 다양한 먹거리 운동 간의 연대를 강화하고 통합적으로 발전시키려는 시도도 있다. 공유할 수 있는 운동의 가치와 대안 체계 구상을 중심으로 통합적 운동의 흐름을 만들자는 것이다. 이 방향성을 제시하는 두 가지 담론이자 운동 흐름이 '먹거리 정의food justice'와 '먹거리 주권food sovereignty' 운동이다.

환경 정의 운동에서 착안한 먹거리 정의 운동은 "먹거리 사슬 내외에서 기원하는 불평등에 대응하며 먹거리 체계 내의 인종주의와 착취와 억압에 저항하는 투쟁"으로 정의될 수 있다. 북미에서 먹거리 정의 운동은, 인종·젠더·경제력 때문에 건강한 먹거리에 접근할 기회의 불평등을 겪는 소외된 계급·계층의 권리를 개선하는 활동에 주력했다. 이런 측면에서 신선하고 건강한 먹거리에 대한 접근이 어려운 지역과 공동체의 여건을 개선하는 로컬푸드 운동(공동체지원농업과 농민시장 등), 먹거리 체계 내의 노동 여건을 개선하는 운동(임금 인상과 열악한 노동 환경 개선 등)을 활성화하는 데 크게 기여했다.

국경을 넘어선 광범위한 농민 운동 조직인 비아 캄페시나La Via Compesina가 제기한 '먹거리 주권' 개념은 "생태적으로 건강하고 지속가능한 방법으로 생산된 건강하고 문화적으로 적합한 먹거리에 대한 민중의 권리이자 그들 스스로 농업 및 먹거리 체계를 규정할 권리"라고 정의된다. 초기에 먹거리 주권 개념은, 농민(기업 먹거리 체계에서 소외되고 퇴출당하는 중소농)의 생존 보장이라는 측면이 강했다. 이후 소비자 운동과 먹거리 체계 내의 노동자 운동 및 인권 운동 등과 연대하면서 먹거리 체계의 근본 전환을 지향하는 운동이자 정책 틀로 발전했다. 이 같은 운동의 진화를 통해 2018년 12월에는 「유엔 농민 및 농촌에서 일하는 사람들의 권리 선언」이 유엔총회에서 채택되었다. 일부 국가에서는 헌법에 먹거리 주권을 명시하거나 먹거리 주권 기본법을 제정하는 등 제도화에도 성과를 거두고 있기도 하다.

다양한 먹거리 운동을 포괄할 수 있는 먹거리 정의와 먹거리 주권 운동은 다음과 같은 상호보완성을 통해 보다 폭넓은 운동으로 발전할 수 있다. 첫째, 먹거리 정의 운동은 민중의 일상적 요구와 밀접하며 민관 거버넌스 구축 등 시민사회의 적극 참여로 여러 성과를 낼 수 있다. 먹거리 주권 운동은 자칫 신자유주의 시장 제도 속에 안주할 수 있는 (예를 들면 틈새시장으로서의 로컬푸드와 유기농) 운동이 근본적 변화의 관점을 잃지 않게 할 수 있다. 둘째, 내용면에서도 먹거리 정의 운동에 부족한 먹거리 순환 관계망의 구상과, 먹거리 주권 운동에 부족한 노동 문제에 대한 인식을 서로 채워줄 수 있다.

한국 먹거리 운동의 맥락과 전망

짧은 기간에 급속한 산업화와 도시화를 경험한 우리나라의 먹거리 운동도 국제적 흐름과 유사한 양상을 보인다.

제1시기(1970~1980년대)에는 생산자들의 유기농업 실천을 존중하며 함께하고자 했던 소비자들이 종교단체, 여성 운동, 민중 운동 등 다양

그림 2 | 우리나라의 먹거리 문제와 대안 운동의 흐름

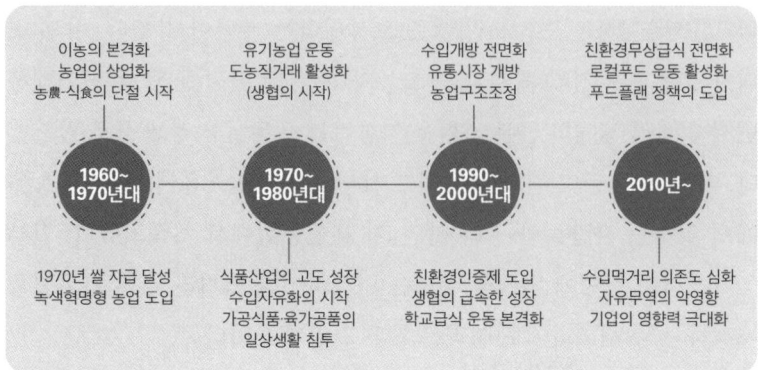

자료: 필자 작성.

한 경로로 자발적인 소규모 직거래 운동을 전개했다. 아래로부터의 풀뿌리 운동으로 시작된 직거래 운동은 1990년대 수입개방 확대, 환경오염 및 식품안전 사고 등 여러 사회적 의제들을 만나며 정책화·제도화의 길에 들어서게 되었다.

제2시기(1990~2000년대) 동안 눈부셨던 소비자생협의 성장(조합원·매출액 증가)과 친환경농산물 인증제(재배 면적과 생산량) 확대가 그 결과물이다. 풀뿌리 사회운동이 「소비자생활협동조합법」(1999년 제정)과 「환경농업육성법」(1998년 제정)[5]을 통해 제도권에 안착하고 대중적인 참여와 호응도 끌어냈다.

제3시기(2010년 이후)에는 먹거리나 환경 문제에 관심이 많은 일부 소비자들의 참여에서 더욱 확장된 '친환경 무상급식 운동'이라는 보다 보편적인 먹거리 운동으로 발전하는 모습을 보였다. 학교급식 운동은 최근 학교 외의 공공급식에 친환경·로컬푸드 먹거리의 공급 확대를 추

---

[5] 「친환경농업육성법」(2001년 개정)을 거쳐 현재는 「친환경농어업 육성 및 유기식품 등의 관리·지원에 관한 법률」(2013년 개정)이 되었다.

진하면서 다양한 시민사회 단체들과 푸드플랜이라는 지역 단위 먹거리 계획의 수립에 적극적으로 나서고 있다.

현재 우리나라의 먹거리 운동은 '지역 단위에서 순환하는 먹거리 관계망'이라는 하나의 전망을 두고 각기 운동의 발전 경로를 모색하는 갈림길에 서 있다. 생협은 먹거리 소매유통의 경쟁 심화 속에서 생존의 방안으로 택했던 전국 단위의 연합과 물류를 어떻게 (재)지역화라는 흐름 속에서 조율할 것인지 쉽지 않은 고민을 안고 있다. 학교급식 운동은 2010년 지방선거 이후 전국적인 학교급식지원센터의 설치·운영과 지자체의 확대 속에서 친환경 무상급식의 안착이라는 성과를 거두었다. 그러다가 2010년대 중반 다소 정체 상태에 있었다. 하지만 최근 국정과제로 추진되는 푸드플랜에 대한 지원 정책 속에서 학교급식지원센터를 설치·운영하는 지자체가 다시 늘어나고 학교 외의 공공급식(보육시설·복지시설 등) 영역으로 운동을 확장해가고 있다.

문제는 같은 목적지를 위해 가는 길에서 서로 다른 운동들의 요구와 이해관계를 잘 조율하는 것이다. 서두에 언급했던 전국먹거리연대와 같은 연대운동의 조직체가 통합적 운동의 길을 모색하는 중요한 시도 중 하나이다. 특히, 국정과제로 추진되는 지역 단위 푸드플랜 지원 사업이 '예산을 앞세운 행정의 일방통행'이라는 모습으로 나타나고 있어서, 민간의 협력 관계망 구축이 더욱 중요한 문제가 되고 있다. 이런 시점에서 중요한 것은, 개별 운동의 활성화와 성공보다 시민의 '먹거리 보장'과 지역에서 '지속가능한 먹거리 순환 관계망으로의 전환'이라는 공동의 목적 달성을 위해 통합적 운동의 길을 모색하는 것이다.

다시 농민조직을
생각한다

정영환
농민

청년귀농인이 지역에 스며들지 못하는 이유

귀농한 지 10년이 되어간다. 최근 들어 귀농해서 정착한 청년농민들이 제법 보인다. 딸기, 샤인머스켓, 토마토, 허브, 양계까지 홍성군 전역에서 여기저기 다양한 품목을 기르는 농가가 수두룩하다. 그러나 이 농가들을 묶을 수 있는 방식은 마을이나 작목반 같은 형태가 아니다. 굳이 묶는다면 '청년귀농인들' 또는 '○○사업을 받은 농가들'이라고 해야 할까. 이들은 제각각 생산하고 유통하는, 농민이라기보다는 사업가의 성격이 강한 개인들이다. 그렇기에 마을과 지역 입장에서 본다면 이들은 그저 남이다. 마을에 사람이 늘어날 때 주민 입장에서는 뭔가 기대하게 된다. 마을일에 참여하고 함께 고민한다든가, 아니면 하다못해 지나가다 인사할 수 있는 사이가 된다든가 하는 여러 가지 기대들. 그렇기에 이주해오는 청년들에게 마을에 있는 땅이나 집에 대한 정보를 주며 관심을 갖는다.

하지만 이들은 땅과 집을 구하게 된 이후에는 사업을 안정시켜야 하기 때문에 주변을 보지 않고 자기 일만 한다. 그 과정에서 오히려 (양계나 축사의 경우에는 악취 문제로, 비닐하우스의 경우엔 외관 문제 등으로) 주민들과 갈등을 빚는 경우도 있다. 그렇다고 신규 농업인들이 나쁘거나 잘못하는 것은 아니다. 이들에게는 주변을 둘러볼 시야와 여유가 없다. 대출받은 융자도 갚아야 하는데 농사 초기에는 수입이 나지 않는다. 그렇다고 마을사람들이 이들의 농산물을 팔아주는 것도 아니니 자연히 멀어지게 된다. 지역사회의 작목반이나 조합의 문턱은 높다. 한정된 판로에 따라 계약량만큼만 거래되기 때문에 기존 농민들 안에서도 아웅다웅하고 있는 상황이라 새로운 이들을 반길 리 없다. 어떤 조합에 생산자 조합원으로 들어가려면 목돈을 지불해야 한다. 그러다보니 이들은 마을이나 지역 내 조직에 스며들지 못한 채 혼자서 살아남을 수밖에 없다.

위기의 농민

농산물을 생산만 한다고 소득이 되지는 않는다. 그래서 큰 땅을 사거나 빌리고, 과도한 시설투자를 시도한다. 농산물 값이 너무 싸기 때문에 재배 규모를 키워서 이를 해결하려 한다. 그런데 그 규모는 한 사람이나 한 가정에서 감당할 수가 없다. 그러다보니 외부 농업 노동자를 고용하게 된다. 농촌의 대부분은 소수의 농업경영인이 운영하는 방식으로 흘러왔다. 농업경영인의 15%가 내는 매출액이 나머지 85% 농민의 총 매출액보다 더 많다는 통계를 본 적이 있다. 이 양상은 한국 전체 경제구조와 크게 다르지 않다. 몇몇 대기업의 매출이 수많은 중소기업의 총매출액보다 높다는 것은 누구나 알고 당연하게 받아들인다. 이 구조가 농업경제에도 그대로 작동한다. 여기에 최근 쟁점이 되고 있는 스마트팜이나 식물공장은 농업과 농촌의 빈부격차를 더욱더 가속화할 것이다.

 밤에 고속도로를 달리다 보면 심야에도 환하게 빛나는 빨간 불빛을 볼 수 있다. 식물공장이다. 대형 물류창고보다 훨씬 큰 규모의 식물공장은 점점 더 늘어나고 있다. 여기서 쏟아지는 농산물들은 기후에도 영향 받지 않고 핸드폰 찍어내듯이 연중 균일한 상태로 만들어져 나올 것이다. 국가적으로는 농산물 자급률이 올라가게 될 것이고 그야말로 새로운 블루오션으로 떠오를 것이다. 식물공장의 농산물들은 배지 위에서 적절히 배합된 양액을 공급하고 LED로 일정한 빛을 쏘아서 키운다. 대량생산도 가능해서 수입 농산물과의 경쟁에서도 이길 수 있다. 자본을 가진 기업들이 경쟁적으로 투자하면서 가격도 저렴해질 것이다. 한국식품안전관리인증원HACCP의 인증기준에 맞는 안전하고 가격 착한 농산물이 쏟아질 거라는 희망도 갖게 될 것이다. 그런데 이런 희망에 의해 배제되는 사람들이 있으니, 바로 농민이다. 어린 시절 당연히 있는 것으로 여겼던 지하철 매표소가 하루아침에 사라진 것처럼 농민들도 그렇게 사라질 수도 있다.

 코로나19 상황은 현재 농업이 가진 한계와 문제점을 확인시켜주었다. 외국인 농업 노동자의 수급이 어려워지면서 작년에 비해 농업 부분 인건비가 많이 올랐다. 재작년에는 고구마를 캘 때 일용직 외국인 노동자 일당이 8만 원 수준이었다. 현재는 13만 원. 그마저 일할 사람이 없어 문제다. 그런데도 농산물 값은 경제난 때문에 올라갈 생각을 하지 않는다. 이런 상황에서 대기업이 농업에 진출해서 규모와 가격 경쟁을 벌인다면 누구에게 승산이 있을까? 지금 대농들의 농업경영 방식으로는 대기업과의 경쟁에서 이길 수 없다.

 친환경 농산물이 공공급식에 사용되면 친환경 농업인들의 안정된 생산을 보장할 것이라는 믿음도 이제는 무너졌다. 코로나19로 인해 학교들이 문을 닫고 친환경 농가들은 바로 위기에 직면했다. 판매되지 못한 친환경 농산물을 갈아엎는 과정을 겪으면서 우리는 공공급식만이 해답이 아님을 확인했다. 만약 기업들이 공공급식에 손을 댈 경우 여기서도 경쟁은 불가피하다.

그동안의 먹거리 운동에서 농민들은 항상 약자의 모습으로 도움을 요청했다. 하지만 농민 개인이 자기가 먹고 살기 힘드니까 도와달라는 방식으로는 먹거리 운동은 지속가능할 수 없다. 우루과이라운드 때를 기억해보자. '우리 몸에는 우리 것'이라며 내걸었던 '신토불이'라는 슬로건은 같은 제목의 트로트곡이 히트를 칠만큼 사회적으로 큰 호응을 받았다. 그러나 지속되지 못했다. 우리 몸에는 우리 것이라는 논리에는 심한 비약이 있다. 국내 농산물이라고 해서 수입 농산물보다 꼭 좋은 것이 아니다. 농약 친 국내 농산물이 농약 안 친 수입 농산물보다 몸에 좋을 리가 없고, 가둬놓고 키운 한우와 드넓은 풀밭에서 키운 외국 소의 건강 상태는 누가 봐도 알 수 있다. 우리 농산물 애용 운동이 일어났을 때 농민들 안에서도 반성과 노력이 있어야 했다. 하지만 똑같이 농약 치고 똑같은 시장논리를 받아들이면서 변화를 시도하지 못했다.

친환경 농산물을 '안전한 먹거리'라고 불렀을 때, '안전'은 오로지 '소비자만의 안전'으로 축소되어 받아들여졌다. 단순히 개인적 차원에서의 안전에 붙들리면서, 먹거리 운동이 전달할 수 있었던 농업과 농촌의 가치를 놓쳐버렸다. 오히려 까다롭고 모순투성이인 친환경인증법을 옹호하는 결과가 되어버렸다. 정부의 실책이라고만 비난하기보단 농민 안에서 충분한 고민, 또는 '함께' 가고자 하는 방향이 없었음을 반성해야 한다.

앞으로의 농업에서 운동은 생산성과 안전성보다는 '환경과 지역공동체의 복원'을 축으로 나아가야 한다. 그래야 살아남을 수 있다. 자본의 힘만으로는 감히 건드릴 수 없는 가치들을 농민들이 쥐고 있어야 한다. 땅에서 농사지으며, 좁게는 마을을 넓게는 지구를 이롭게 하는 농업을 실천하는 노력을 보여줘야 한다. 농민이 단순히 먹고살기 위해 농사짓는 개개인이 아니라, 시장과 자본의 논리에 맞서 농촌 마을과 지역의 가치를 지키는 파수꾼임을 보여주어야 한다. 농민이 스스로 그러할 때 누구도 농업과 농민을 함부로 여기거나 폄하하지 못하게 된다. 시장의 논리나 기업의 자본도 감히 나설 수 없게 될 것이다. 소비자도 친환경 먹거리가 품고 있는 근본적이고도 폭넓은 가치에 동의하면서 사줄 수 있다. 지자체 역시 사익을 추구하는 사업이 아닌 공적인 영역에서의 농민의 활동을 인정하고 지원해주지 않을까?

이러한 기대를 하기 위해서는 농민 스스로가 농업과 농촌에 담겨있는 가치들을 실현해야 한다. 내 농사 외에 주변도 돌아보며 이웃과 함께하는 마을을 만들고, 생태계와 환경을 지키기 위해 할 수 있는 방법들을 찾고, 기후위기 시대에 탄소 배출을 줄이는 농업을 탐색·구현하는 등 노력해서 농업과 농촌의 공적 가치를 인정받을 수 있어야 한다. 그럴 때 농업과 농민은 지속가능한 운동성을 갖게 된다. 이를 위해서는 무엇보다 농민의 조직화가 필요하다.

가치를 만드는 건강한 농민조직

농민의 가치는 당연히 땅에 있다. 땅을 일구고 좋은 먹거리를 키워내는 행위 자체가 가장 중요한 가치. 자연에 의지하고 도움 받으며, 자연이 주는 시련을 견디며 살아가는 모습. 함께 힘을 모아 어려움을 이겨내는 것. 가치는 여기에 있다. 그동안 만들어진 수많은 영농조합과

작목반, 협동조합에서는 '우리'와 '함께'라는 판단 기준이 '안으로만' 작용해왔다.

'우리' 조합원과 '우리' 작목반의 이익을 위해, 이익단체 '내부' 구성원의 행복만을 위해 농민조직이 활동하고 생산해왔기에, 농업과 농민의 운동이 진행되지 않았다. 조직을 만들 때 설정했던 공익적 방향성이 아닌 다른 방향(집단이기주의)으로 흘러가는 경우가 많았다. 조직이 살아남기 위해서는 현재의 시장논리를 따라가야 하는 것이 맞다고까지 강변하게 되고, 그러면서 그 조직을 만들어야 했던 최초의 가치는 과거의 낡은 생각으로 치부되기도 한다.

'함께'의 범위도 점점 좁아지게 된다. 처음에는 조직의 설립 취지에 동의하는 모든 지역민이었다가, 점점 조직 내부의 사람으로 좁아진다. 그러다보면 어느 순간, 왜 이 조직이 만들어졌는지를 되물어볼 때, 나아갈 방향을 잃은 채 오직 현재만을 지키기 위해 아둥바둥하는 모습을 발견하게 된다.

이 문제는 어느 한 농민조직이나 단체에 국한된 것이 아니다. 대부분의 조직이나 단체가 그렇게 되어가고 있다. 현재 젊은협업농장 운영에 참여하면서도 항상 염려되는 부분이기도 하다. '이런 것이 조직이 갖는 한계인가?'라고 자주 되묻게 된다. 한편으로는 '이 문제를 해결할 방법은 무엇일까?'를 고민하게 된다. 먹거리에 초점을 둔 운동으로 조직화하는 것도 중요하지만, 근본 목적이 무엇인지, 방향이 타당한지, 운동을 어떻게 확장해갈 수 있을지에 대한 고민들이 필요하다. 그동안의 운동들이 큰 효과를 보지 못한 이유(실패했다고 생각되지는 않는다)는 시야가 점점 좁아졌기 때문이다.

대부분의 사람들은 '농민조직'이라 하면 오로지 농민만을 생각하게 되고 농민들끼리만 모며 무엇인가 하려고 한다. 이런 모습은 지극히 폐쇄적이고 이해관계 중심적이며 근시안적이다. 생산자들의 이해관계만으로 이야기하게 될 때, 우리 농업은 다른 산업과 큰 차별성을 가질 수 없으며 특별한 가치를 얻지 못한다. 그러나 생산뿐만 아니라 농촌과 환경을 지키는 수단이라는 큰 맥락에서 농민조직을 바라본다면, 그 가치가 높아진다. 최근 마을에서 시도하는 먹거리를 매개로 한 운동은 이런 확장된 맥락을 갖고 있다. 기후위기와도 맞물려 있고, 사라져가는 농촌의 공동체문화에도 연결되어 있다. 농민들의 조직화는 이 맥락과 함께하면서 이루어져야 한다. 농업을 바라보는 다양한 관점을 이해하고 공통의 가치를 지향하는 쪽으로 방향을 잡아야 한다. 조직화에서 농산물 유통은 농민들을 모으는 작은 수단일 뿐이다. 목적은 그 이상으로 향해야 한다.

돌이켜보면 어린 시절에 바라봤던 많은 생협 운동의 초기 모습이 그랬던 것 같다. 벌레 먹고 푸르딩딩한 자두만한 사과를 사주던 소비자들, 자기 농산물만이 아니라 이웃의 농산물을 함께 실어 배달하던 농민들이 있었다. 그리고 왜 그런, 당장 자신에게는 이익이 안 되는 (오히려 손해인 것처럼 보이는) 활동을 해야 하는지를 말하던 마을활동가와 그들을 후원하던 주민들. 우리는 이미 이러한 조직화의 경험을 가지고 있다. 지금 이 시대에 필요한 것은 그 최초의 뜻, 초심으로 돌아가는 것이 아닐까?

마을의 먹거리 정의는 가능한가

박진희
마을활동가

2009년 장수로 귀농을 했다. 우리가 귀농한 곳은 12가구가 사는 귀농자 마을이었다. 다품종 소량생산 꾸러미 농가, 유정란 농가, 주요 품목이 있는 농가 등 규모는 다르지만 농민으로서의 삶을 꿈꾸는 사람들이 농사를 짓는 마을이었다. 농민이라면 누구나 그렇듯이 판로 걱정을 앞에 두고 한때 마을 공동꾸러미에 대한 논의가 있었다. 그러나 경제공동체가 쉬울 리 없다. 일상의 생활 규칙은 철저하게 지키며 사는 마을이었지만 공동꾸러미에 대한 시각과 방향은 완전히 달랐다. 우리 마을 구성원들은 좋은 사람들이지만 이야기를 할수록 같은 이야기를 하는 듯하면서 서로 다른 이야기를 하고 있다는 사실을 깨달았다. 우리 마을의 공동꾸러미에 대한 논의는 한때의 사건으로 지나가버렸다. 마을꾸러미를 하고 공동경작을 하는 다른 마을 사례를 보면, 그렇게 되기까지 누군가의 헌신적 희생이 철저하게 뒤따랐음을 알 수 있었다.

늙어가는 마을

세월은 흐르고 마을에서 농사짓는 농가는 하나둘씩 줄어들었다. 그리고 지금은 마을 가구의 절반이 농사를 짓지 않는다. 농사를 사랑하지 않아서도 농민의 삶이 싫어서도 아니다. 농사는 수입이 워낙 적으니 자녀 진학 등 때문에 현실적으로 수입이 더 필요한 가구나 노동력을 상실한 가구가 농사 대신 다른 일을 선택했다. 귀농하려는 사람들에게 우리 마을은 대표적 선진지 같은 곳이었고, 우리 집은 마을 가장 초입에 있어서 귀농하고 싶은 사람들이 갑자기 불쑥 찾아오기도 했었는데 지금은 그런 일이 없다.

우리 마을은 자연마을이 아니라 순환시범농업을 하려는 사람들이 모여서 인위적으로 만든 마을이다. 누군가는 여전히 살고, 누군가는 이사를 가고, 누군가는 이사를 왔지만, 이곳에 사는 우리는 모두 나이 들어가고 있다. 마을로 왔을 때 30대 후반이었던 나는 50대가 되었고 누군가는 60대가 되었다. 꼬마였던 아이들은 고등학생이, 대학생이, 사회인이 되었다. 지역에는 대학이 없고, 일자리가 많지 않으므로 성인이 된 자녀들은 마을에 남지 않는다. 당장 우리 집만 하더라도 대학생이 된 첫째가 서울에 있고, 고3인 쌍둥이들도 대학에 진학하게 되면 마을을 떠나게 된다. 앞으로 10년이 지나면 우리 마을도 고령자 마을이 되겠구나, 그때 누가 농사를 짓고 있기는 할까, 우리 마을은 어떤 모습이 되어 있을까? 요즘은 그런 생각을 많이 하게 된다.

우리 마을은 이장님이 있는 독립마을이 되기 전 아랫마을 소속이었다. 세월이 흐르는 동안 아랫마을 어르신들은 한 분 한 분 유명을 달리하신다. 점점 빈집이 늘어가는 게 눈에 보인다. 고령화, 지역소멸 위기 이런 말들이 피부에 절절하게 와 닿는다. 농업은 지속가능하기나 할까? 마을의 누군가가 농사를 짓는 시대가 사라지는 것은 아닐까 요즘은 두렵다.

통계청에 따르면 2021년 5월 기준, 65세 이상 고령자의 비율은 전국 평균 16.7%이다. 농림어업인구총조사 통계에 따르면, 2020년 기준 농가 인구의 비중은 대한민국 전체 인구 중 4.5%에 불과하고, 이 가운데 65세 이상의 비중은 전국 평균의 2.5배가 넘는 42.5%에 달한다. 농촌 인구 10명 중 4명 이상이 65세 이상이라는 말이다. 이 비중은 계속 높아져왔고, 앞으로도 더 높아질 것이다. 농가 인구를 2019년과 비교해보면, 2020년 농가는 1.3%, 농가 인구는 3% 줄어들었다. '고령화에 따른 농업 포기', '전업' 등이 주된 이유이다. 통계 자료와 예측치가 있지 않아도 고령자 비중이 높아지면 높아질수록 농가 인구가 더 줄 것이라는 사실은 누구나 알 수 있다.

우리 마을 사람들처럼 또 누군가가 귀농을 하면 이 문제가 해결될 수 있을까? 농림부에 따르면 2019년 대비 2020년 귀농 인구는 3만 3,000여 명으로 전년 대비 7.4% 증가했다. 비율로만 보면 높은 증가율이지만 이 정도로는 농촌의 인구 구조가 절대 바뀌지 않는다. 귀농 인구의 중심은 장년층인 50~60대이다. 농촌은 인구가 절대적으로 부족하므로 중장년층의 귀농은 필요한 일이지만, 이들은 10년 이내에 고령자 층으로 진입한다.

농촌이라는 공간에서 농업이 유지되려면 중장년층도 오고 청년도 와야 한다. 그리고 무엇보다 청년이 나가지 않아도 되는 환경이 조성되어야 하고, 귀농인과 원주민이 문화적으로 충돌하지 않는 정책 방향도 필요하다.

청년들에게 뭐라고 말할 수 있을까?

정부와 각 지자체는 농촌의 청년 인구와 청년 농업인을 육성하기 위해 여러 지원사업을 시행한다. 실제로 이런 사업들은 청년들을 농촌으로 오게 하는 효과를 나타내기도 한다. 2020년 30대 이하 1,362가구가 농산어촌으로 귀농했다. 그러나 지원 기간 종료 후 자립하여 귀농한 지역에 얼마나 정착할 수 있을지는 알 수가 없다. 시간을 두고 농업에 적응해 정착하게 하는 방식이 아니라 단기적으로 성과를 빨리 내라는 식의 지원들이 난무한다. 지원사업 없이 귀농한 청년들은 농사의 꿈을 안고 농촌으로 왔다가, 빌릴 땅도 판매도 쉽지 않아 아르바이트를 하고, 이것도 쉽지 않아 도시로 되돌아간다. 며칠 전 내가 본 청년 채용 광고는 헛웃음을 짓게 했다. 마을사업 연계 프로그램 운영 및 마을의 공동체 활동 관리와 운영활성화 지원 업무를 맡을 청년을 뽑는데, 채용 기간이 겨우 3개월이다.

농촌에서 나고 자라 고향을 떠나지 않고 농촌에서 농사짓고 살려는 청년들, 도시에서 배움을 마치거나 직장생활을 정리하고 다시 돌아오는 청년들도 물론 있다. 고향에서 농사지으려는 청년농민들은 마을에서 어르신들과 정서적으로나 기술적으로 공감대를 형성하며 농사짓는 데에 어려움이 있다. 내 농사 도움을 누군가로부터 받기는커녕 젊다는 이유로 온갖 마을 일에 동원되기도 하며, 또래 농민들은 만나기 어려운 고립감에 빠진다. 청년농민으로서의 삶을 대견해하고 축하하기보다는 뭐하러 이런 선택을 하냐는 시선을 보낸다. 청년농민에게 마을은 가꾸어가야 할 공동체가 아니라 부담스러운 공동체다. 청년농민의 부모님이 규모 있는 과수와 축산을 하고 있다면 농사 환경이 안정적이겠구나 싶지만, 청년농민은 부모 세대의 간섭과 통제로 자기 소신에 맞는 영농을 하기 어렵다. 2세대가 부모의 농사를 감각적으로 표현해 잘 팔리는 상품이 되어 주목받는 사례가 있기도 하다. 그러나 대부분의 청년농민들은 부모 세대와 농사 갈등을 겪는다. 그래서 후계농을 결심해도 독립 영농을 하고 싶어하고 그래야 한다고 생각한다. 그러나 농사 독립을 하고 싶어도 떼어줄 농토가 있어야 자립이 가능하다. 소농의 자녀는 청년농민이 되어 부모로부터 독립해서 농사짓고 싶어도 다른 땅을 빌리지 않는 이상 불가능하다.

지금의 귀농정책, 청년농업정책, 농업정책은 고령자 비율을 낮출 수도 농촌의 인구를 늘릴 수도, 농업을 지속가능하게 할 수도 없는 정책들이다. 내가 사는 장수의 인구는 2021년 8월말 기준 2만 1,811명이고 인구가 가장 적은 계북면 주민 수는 1,577명이다. 대규모로 단지화된 아파트 입주민보다 적은 수다. 농촌 시군별 차이는 있겠으나 이렇게 인구는 적고 고령자 비율은 높은 것이 농촌의 현실이다. 이런 현실 앞에 마을이라는 공동체는 생존할 수 있을까? 청년들에게 마을과 한국의 농업을 어깨에 짊어지고 걸어가라고 할 수 있을까?

어디가 마을공동체이고, 누가 소농인가?

두레, 울력, 품앗이. 마을공동체를 기반으로 농사를 짓던 시절의 이 단어들은 이제 교과서 속에만 존재한다. 장수는 사과의 고장이다. 사과 농가는 사과꽃을 솎을 때, 잎을 딸 때, 수확할 때 등 1년에 적어도 몇 번은 일할 사람을 산다. 흔히들 '놉을 산다'고 말한다. 장수처럼 전국의 거의 모든 농촌 지역에서도 양파, 마늘 등 농사지을 때 놉을 산다. 예전에는 농사 경험이 있는 지역분들이 주로 놉을 하셨는데, 이제 외국인 노동자들이 놉일을 한다. 정확하게 말하자면 놉이 아니라 농업 노동자로서 노동하고 있다. 농업회사가 아니라도, 마음을 맞춰 만든 영농조합법인이나 가족들이 농사를 지어도 이제 농업 노동자가 필수인 시대가 되었다. 마을이 농사공동체로서의 기능을 상실하고 인구 구조가 변화하면서, 전통적인 소농이 사라지고 있다.

소농은 가족 구성원의 노동력으로 농업을 통한 경제활동을 하는 농민을 말한다. 이 정의를 바탕으로 어느 정도 규모로 농사를 짓는 것이 소농인가를 묻는다면, 가족구성원이 할 수 있는 적정한 규모라는 추상적인 답이 나올 수밖에 없다. 직불금 지급 기준으로 따지면, 소농은 농지 0.5ha(대략 1,500평) 이하 규모의 농사를 짓는 농가를 말한다. 논농사인지, 밭농사인지, 과수인지, 축산인지에 따라 심리적 적정 규모는 달라진다.

소농을 누구로 볼 것인가? 소농의 정의에는 스펙트럼이 없다. 우리는 가족농과 소농이 중요하다고 말하면서 가족농과 소농을 우리가 원하는 프레임 안에 가둔다. 소농은 농업 노동자를 쓰지 않고, 가족 구성원들이 작은 규모의 농사를 토경으로 짓는다고 생각한다. 그리고 이들은 농업의 산업화에 맞서고, 식량주권을 지키는 파수꾼이며, 생태환경을 보존하는 수퍼 히어로이다. UN이 세계가족농의 해를 정하거나, 환경과 생물다양성을 보전하고 지역경제와 공동체를 유지하면서 소농으로 아름답게 농사지으며 세상을 살리려 해야 한다는 세간의 바람에는, 그렇게 살 수 없는 현재 농촌의 현실은 반영되어 있지 않았다. 농사 규모를 기준으로 본다면, 소농은 1,500평을 넘지 않는 농사를 지어야 한다. 직불금 지급 기준이 그렇다. 더 큰 규모로 농사를 확장하면 더 이상 소농으로 인정받을 수 없게 된다.

그런데 아주 근본적인 질문을 해야 한다고 생각한다. 나는 가족농이고 소농이었다. 유기농을 했고, 먹거리 순환관계가 정의로워야 한다고 주장해왔다. 그런 나 자신이 농업으로 생존하는 일은 실패할 것으로 예상되어서 포기했다. 남편과 사별한 여성 혼자 네 명의 자녀를 키우며 소농으로 생존하는 것 자체가 불가능했다. 혼자 농사를 지어야 하는 순간이 찾아왔을 때 비로소 내가 사회적 취약계층임을 실감했다. 땅을 지키는 거룩한 농민들, 마을공동체를 일구고 지켜온 사람들이 약자로서 자신의 삶을 마감하는 일. 꿈을 안고 농사를 시작한 청년농민들이 결국은 사회적 약자가 되는 일. 부농이고 대농인 소수의 누군가를 제외하면, 농촌 마을은 '사회적 약자의 군집'이라는 사실을 실감했다.

마을은 공동체를 이루는 지역의 출발점이다. 지리적으로 타 지역과 구분되는 경계를 가지면서 지역 내부에 상호이해관계나 정서적 공감대가 형성되어 있는 곳이다. 제한된 공간을 기반으로 같은 자연환경과 풍습, 같은 문화를 만들어왔다. 마을은 농사 동반자들의 집합이었고, 삶의 동지들이 있는 곳이었다. 마을이 농촌 경제공동체의 구심으로 작동해야 한다는 생각은 마을만들기 사업이나 마을기업 같은 지원사업과 사회적경제 모델을 만들어가는 정책을 출동시켰다. 농촌디자인, 마을디자인이라는 말이 나오고, 누군가는 농촌디자이너, 마을디자이너를 자임했다. 마을기업은 마을 주민이 주도적으로 지역의 각종 자원을 활용하여 안정적 소득과 일자리를 창출하고, 이를 통해 지역공동체 이익을 실현하기 위해 설립되고 운영되어야 했다. 하지만 마을 자원과 마을 사람들은 대상화되었고, 철저하게 '외부의 시선'에서 이것이 이 마을이 살아갈 길이라는 방향으로 제시되었다.

가족농이자 소농으로 농사를 짓던 시절 약 6년 동안 다품종 소량생산의 제철 농산물로 꾸러미를 만들어 회원분들에게 보내드렸다. 농사 초보에 농사 규모는 적지만 이 규모로 우리 가족의 생활이 가능하도록 해야 했고, 생산자와 소비자가 아니라 '농사로 맺는 관계'를 형성하고 싶어서 공동체지원농업을 했다. 그런데 공동체지원농업을 하려는 꾸러미 농가들이 여러 지역에서 늘어나자, 한국농수산식품유통공사aT에서도 지원사업을 해준다고 하고 기관·단체들이 뛰어들면서 본래 의미는 퇴색했다. 그러더니 다품종을 한 상자에 넣어 보내는 수많은 정기구독형 상품이 여러 회사들에서 판매되기 시작했다.

마을 농가들의 상품도 우리 꾸러미에 같이 넣고, 마을사업은 아니지만 나름대로 농사짓는 우리 마을의 품목을 하나씩 다 넣어보려고 노력했다. 그러나 점점 농사짓고, 회원 모집하고, 농산물 팔고, 포장하고, 홍보하는 이 모든 과정을 다하는 것이 물리적으로 쉽지 않았고 경제적으로 여유가 생기지 않았다. 우리집 회원분들은 공동체지원농업을 하려는 의지가 강한 분들이었지만, 신규 회원 문의를 하는 분들은 정기구독형 상품으로 인식하는 경우가 많았다. 우리 집도, 꾸러미를 잘하던 농가들도 하나둘 꾸러미를 포기했다. 여전히 꾸러미를 하고 있는 농가나 영농조합을 보면 부럽기도 존경스럽기도 하다. 이렇게 변하는 동안 그래도 꾸준히 꾸러미를 지속하는 곳은 소비자와의 관계를 잘 구축한 농가, 조직력이 있는 생산자단체와 행정력이 뒷받침된 기관이었지, 소농들이 꾸려가는 마을공동체는 아니었다.

농촌 마을에서 먹거리 정의가 가능하려면

먹거리 정의란 먹거리가 생산–분배–가공–소비되는 모든 과정에서의 공정함을 말한다. 농촌 마을에서 먹거리 정의는 어떻게 가능할까? 생뚱맞게 여겨지겠지만, 마을 먹거리 정의의 시작은 마을을 돌보는 것에서부터 시작되어야 한다. 고령자공동체인 마을에 가장 절실하게 필요한 것은 노인돌봄과 농민돌봄이다. 실질적인 노인돌봄 복지서비스와 더불어 마을공동체 기획조정자라는 일자리를 만들어야 한다. 이들이 도시의 자녀들에게 부모의 안부를 전하는 것은 물론 수시로 마을의 농사 현황과 필요한 두레 활동을 알려주고, 부모를 도와주는 일뿐 아니라 정기적으로 자녀들의 마을 품앗이 활동을 만들어가야 한다. 정기적인 자녀 품앗이 활동비용을 지자체에서 지원하고, 이 과정을 거쳐 수확된 농산물은 농협이 우선 구매하도록 하는 등의 관계망을 만들어 마을이 '확장된 공동체'로서 기능하고 존속하게 해야 한다.

귀농인과 청년들에게 농사와 사업 정보만 알려줄 것이 아니라, 농촌 정착을 돕는 학교를 개설해야 한다. 지역과 마을의 역사·풍습·자원·농사 등을 짜임새있게 배워서 마을을 존중하고 문화적 차이와 갈등을 최소화할 수 있도록 해야 한다. 출신 국적과 상관없이 농업 노동자라면 누구나 도움을 받을 수 있는 농업노동자지원센터를 운영하거나 일자리 관련 주무부서, 건강가정지원센터(구 다문화가정지원센터)에 농업노동 관련된 상담인력을 배치해 농업 노동자들의 노동권이 보호받고 존중받을 수 있도록 해야 한다.

말잔치만 하고 있는 각 지역 푸드플랜의 논의 구조를 마을 단위까지 연결시켜 농촌의 가장 기본 단위부터 푸드플랜 논의에 함께할 수 있도록 해야 한다. 이 과정에서 제 역할을 할 수 있을 것으로 기대되는 농업회의소 같은 기관이 많은 지역에서 활성화될 수 있어야 한다. 농업정책이 농촌 마을 단위에서부터 시작될 때 비로소 먹거리 정의의 첫 단추가 꿰어지는 것이 아닐까.

---

* 이 글은 월간 《작은것이 아름답다》 2021년 7월호에 실린 글 〈먹거리 유통과 소농〉을 수정·보충해서 다시 썼음을 밝힌다.

언니네텃밭 꾸러미 사업의 경험과 시사점

구점숙
언니네텃밭
여성농민생산자협동조합
운영위원장

전여농과 언니네텃밭 제철꾸러미 공동체의 활동

언니네텃밭 사업을 시작한 지 올해로 13년째다. 돌아보면 아득하기만 한데, 어찌어찌 시간이 흘러 여기까지 왔다. 지나간 시간을 온통 생고생이었다고 하면, 너무 가혹한가? 아니다, 진짜로 생고생을 했다. 공동체도, 소비자들도, 상근자들도.

맨 처음에 무슨 힘으로 시작했던가를 생각해보면 미련스러움 덕이라고 할까? 언니네텃밭 사업이 아니더라도 전국여성농민회총연합(이하 전여농으로 약칭)은 꼭 필요할 일이라 싶을 때는 미련스럽게 덤벼든다. 어떤 것은 구호로 그칠 때도 있고, 또 어떤 것은 사회적으로 큰 쟁점이 되기도 하고, 때로는 정책의 물줄기를 바꿀 만큼 큰 바람을 일으키기도 한다. 아마도 언니네텃밭 꾸러미 사업은 마지막 경우이지 싶다. (지금은 일반화된 학교급식의 첫 시작은 1992년 대선을 앞두고 제시된 여성농민 정책요구안이었다. 농업 복수조합원 가입, 여성농업인 육성 지원조례 등 전여농의 요구와 실천 활동이 법제도를 바꾼 사례가 많다.)

꾸러미공동체를 결성하고 첫 배송을 시작한 것은 2009년 4월이지만, 대안적 식량주권 사업은 2005년부터 진행되었다고 볼 수 있다. 당시는 한미 자유무역협정FTA 체결과 세계무역기구WTO 체제에 대한 반대 운동이 극에 달할 때였기에, 투쟁하면서도 한편으로 우리 농업의 대안은 무엇이 되어야 하는가에 대한 고민이 많았다. 또 다른 결로는, 6·15남북공동선언 이후 남북 농민간의 만남이 잦았고, 현장에서 무엇을 매개로 민족 통일농업을 확산시킬 것인가를 고민하던 중, 여성농민의 손으로 갈무리되는 종자를 통해 접근해보자고 한 것이 '통일텃밭사업'이다. 이 두 흐름이 적절히 결합되어 탄생한 것이 전여농의 식량주권 사업이라고 볼 수 있다.

전여농은 식량주권 사업을 전담해서 논의하기 위해 식량주권 기획팀을 거쳐 위원회를 만들었고, 전국 각 지역 단위에서 논의를 거쳐 사업 목적을 분명히 하고, 사업 추진 과정에 대한 인식을 넓혀갔다. 언니네텃밭 사업의 보다 직접적인 계기는 2008년 각 단위 집행 책임자들의 인도 연수였다. 한국여성재단 후원으로 전여농 집행책임자 12명과 건국대 윤병선 교수가 토종종자 지키기와 지역먹거리 체계에 대한 인식을 넓히고자 2월 19~29일 인도 전역의 현장을 방문하고 토론과 간담회를 진행하며 밑그림을 그리기 시작했다.

그 후속 작업으로 농민(생산자) 중심의 꾸러미 사업을 계획했다. 생산구조의 변경 없이 곧장 시행할 수 있었던 농민 중심의 공동체지원농업으로 첫발을 뗐다. 이 시도가 가능할 수 있었던 것은, 여성농민 공동체야말로 그토록 염원해왔던 '여성농민의 생산주체화'라는 전여농의 전략에 가장 근접한 목적과 회원들의 결심이 있었기 때문이다. 처음에는 사업단으로 출발해서 2015년에는 협동조합으로 바꿨다.

2009년 4월 횡성공동체로 시작된 꾸러미공동체가 2020년까지 전국 16개 곳으로 늘어났다. 언니네텃밭 꾸러미 사업을 모델 삼아 엇비슷하게 사업을 시작하는 곳도 전국 각지에 생겨났고, 공동체뿐 아니라 개별 농민들도 이런 사업모델을 활용하여 새로운 시장을 개척해갔다. 단작화된 대농 중심의 생산 체계에서 다품종 소량생산의 틈새시장이 될 대안시장을 찾아 나선 것이다.

주류 언론매체들도 이런 시도에 관심을 가지면서 널리 알려졌고, 서울시나 한국농수산식품유통공사aT 등으로부터 일부 지원을 받기도 했다. 하지만 전국 단위의 운영이다 보니 수익에 비해 중앙 운영비가 많이 들면서 외부 지원은 중앙으로 집중되었다. 그래야만 최소한의 사업이 운영될 수 있었기 때문이다. 하지만 정작 지역공동체는 별다른 지원도 받지 못하고 농산물 판매로만 운영하다 보니 어려움이 많았다. 예나 지금이나 지역공동체는 늘 많이 어렵다. 그런 가운데에도 지역공동체가 여러 단위에서 수상하는 영광도 있었고, 심지어 2012년도에는 전여농의 언니네텃밭과 토종씨앗 가꾸기 운동이 높이 평가받아 세계식량주권상을 받기도 했다. 아프리카 등 저개발 국가들에서도 이 모델을 따라 배우고자 여성농민과 공무원 들이 연수를 오기도 했고, 최근 팬데믹 상황에서는 영상 촬영을 요청해오고 있다.

공동체마다 농민의 수가 다르나 대략 5명에서 15명 내외의 조합원이 있다. 경우에 따라 차이가 있지만, 연간 500만 원에서 1,500만 원의 조수익粗收益을 내기도 한다. 물론 텃밭(언니네텃밭은 500평 이하를 기준으로 한다)에서 연간 1,000만 원이 넘는 생산을 하려면 시쳇말로 영혼을 갈아 넣으며 일한다고들 한다. 그런데도 이 금액이 너무 적다고 생각한다면 농촌 현실을 몰라도 한참은 모른다는 얘기다. 알려진 대로 2019년 현재 농가의 평균소득은 4,118만 원 수준이고, 여기서 농업소득은 1,000만 원을 조금 넘는 정도이다. 이 조건에서 여성농민의 통장에 들어오는 조수익이 저 정도라면 결코 나쁘지만은 않다. 세상에서 오가는 돈은 쉽게 억 단위가 넘지만, 농민의 소득은 몇천 만 원이 참 어렵다. 실제 여성농민의 통장에 농업소득이 0원인 경우도 태반이다. 이처럼 여성농민의 소외가 경제적 측면으로부터 시작된다고 일찍이 우리가 주장했기에, 여성농민이 직접 농업소득을 창출할 수 있는 꾸러미 공동체는 그 무엇보다 값지고 커다란 보람이며 자랑이다.

바뀌는 시대, 깊어지는 고민들

이러한 경제적 성과 외에도 기부 꾸러미를 통한 사회참여나 농사체험 활동이나 전통 먹거리 체험 등을 펼친다. 소비자들과 넓고 깊은 관계망이 형성되어 농업에 대한 소비자의 인식을 높이기 위해서다. 생태순환농법으로의 지향은 기후위기 시대의 대안으로 자리 잡았고, 토종종자 지키기 사업 확대와 식생활 교육사업 등 개인이 엄두도 못 낼 일들을 진행 중이다.

그런데 비교적 의식화된 소비자들이 조직되어 있는 일부 생협이나 성당을 끼고 있는 가톨릭농민회의 우리농 사업(물론 그들도 수많은 어려움과 고민이 있겠지만)과 달리, 든든한 뒷배가 없는 농민 중심의 꾸러미 사업은 점점 설 자리가 줄어들고 있다. 소비자 조직이 없는 것은 대다수 현장 농민들의 처지이기도 하다. 이런 조건으로 틈새시장에서 살아남기란 여간 어려운 일이 아니다. 그래서 글 첫 문장에서의 표현처럼, 첫발을 떼기 시작한 때부터 지금까지 내내 힘든 기억을 안고 있는지도 모르겠다. 절정의 시기에 16곳이던 공동체가 현재는 10개로 줄고, 또 공동체의 꾸러미 소비자도 30% 정도 줄어든 경우마저 있다. 여러 고민이 깊어질 수밖에 없다.

처음 시작할 때만 해도 틈새시장이 보이고 가능성이 많이 열려 있었지만, 10년이 더 지난 지금 전환을 위한 고민을 할 수밖에 없는 데에는 여러 이유가 있다. 가장 먼저는 식생활 문화의 변화다. 최근의 먹거리 문화는 예전과는 확실히 달라졌다. 40~50대의 비교적 젊은 층들이 집밥을 거의 해먹지 않고, 먹더라도 간편한 반조리 식품을 선호한다는 것이다. 따라서 원물에 일부의 가공식품(주로 김치나 절임류, 식혜나 수수부꾸미 등 전통 가공품) 중심인 꾸러미에 대한 선호도가 떨어지고, 채소의 양을 넉넉하게 보내주면 그것조차 부담이라고 그만 보내라고 하는 시대가 된 것이다. 예전에는 양을 많이 보내주면 감사히 잘 먹겠다고 했는데, 이제는 버리는 것이 아깝고 농민들에게 미안하다며 꾸러미를 사절한다.

생각해보면, 맞벌이 가정에서 아침식사는 거르거나 무조건 간단하게 먹고, 점심은 외식한 뒤 저녁에 지쳐서 돌아와 3첩 반상 수준으로 나물에 구이·절임 등을 갖춰 먹을 수 있는 시대가 못 되지 싶다. 심지어 요리 계획을 세우는 것도 머리 아프니 일품요리를 몇 번 해먹을 수 있는 정도의 구성만으로 충분하다는 것이다. 덕분에 지난여름에 무안의 연잎밥이 불티나게 팔렸다. 물론 더 젊은 층들은 마트에서 산 각종 반조리 식품을 쌓아놓고선 뿌듯해한단다. 그러니 철마다 열무·상추·오이·가지·호박을 가득가득 넣어주면 부담스럽기도 하겠다. 하여 《다큐멘터리 3일》같은 인기있는 TV 프로그램에 언니네텃밭 꾸러미가 멋지게 소개되어 사무실 전화에 불이 나도록 소비자들이 가입해도, 얼마 지나지 않아 그 비슷한 속도로 떨어져 나가는 것 아닌가.

원래 땅만 파던 농민들이 다양한 가공에 도전하기란 쉽지 않다. 철 따라 갖가지 요리를 해먹기는 하지만, 그것을 소비자의 기호에 맞게 맛과 모양을 유지하여 상품으로 유통하려면 여러 어려움이 따른다. 더 큰 어려움은 식품가공법 때문이다. 식품가공법의 벽을 뛰어넘으려면 시설이나 여러 기준에 맞춰야 하는데, 일반 농민이 접근하기 쉽지 않다. 지금은 까다로운 법제도의 통제가 덜 미치는 소규모 회원판매 방식으로 접근하고 있지만, 만약 우리가 연매출 몇백억 원에 이르는 중대형 유통업체라고 하면, 이마저도 자유롭지 못할 것이다. 영세해도 너무 영세하다 보니 외부의 통제는 덜하다.

물론 80여 개 지자체에 농가공에 대한 지원조례가 있으나 기준은 언제나 상위법인 식품가공법이다. 농산물 가공센터가 지역마다 생겨나서 거기를 이용하면 한국식품안전관리인증원HACCP의 인증을 받을 수 있다. 하지만 다양한 품목을 다 가공할 수도 한꺼번에 많은 양을 가공하기도 어렵고, 지역 접근성도 쉽지 않다. 그러니 소규모 농가공에 대한 법적 기준을 달리했으면 하는 바람으로 입법 분야에 접근하고 있다. 노령화는 말할 것도 없다. 10년 전에 60대였던 언니들이 70대를 넘겨 80대가 이마에 닿았고, 귀농자들은 농사가 어렵기만 하다. 말해 무엇 하겠는가?

지역공공 먹거리 정책은 쉬운 데서 시작해야 한다

이대로 언니네텃밭 꾸러미공동체의 경험은 끝나고 말 것인가? 아니면 또 다른 기회가 될 것인가? 우리의 경험과 의지는 매우 중요한 사회적 자산이다. 특히 농업과 먹거리의 위기에 직면한 오늘날, 우리의 활동은 여러 면에서 재해석하고 새 가능성을 탐색할 수 있는 자산이다. 현재 많은 지자체가 지역 먹거리 정책(푸드플랜)을 수립하고 있거나 시행 단계에 들어섰다. 여성농민 생산공동체가 지역의 다양한 먹거리 취약계층(소년소녀가장가구, 편모편부가정, 조손가정, 장애가구, 조리활동이 불가능한 1인고령가구 등)에게 먹거리를 제공하는 것은 가장 값지고 손쉬운 방법이 될 수 있다. 그들 대부분은 외부·수입 농산물로 만들어진 도시락이나 편의점 음식을 쿠폰으로 교환해서 먹기도 한다. 이런 지원대상자들에게 지역의 여성농민 생산공동체가 만든 김치나 절임류, 가공식을 주기적으로 공급할 수 있다면, 이야말로 제대로 된 지역먹거리 순환 관계망을 이루는 것이 아닌가? 이처럼 쉬운 일이 왜 연결되지 못하고 안타까운 소망으로만 머물러 있어야 할까?

또는 지역거점의 공유냉장고에 주기적으로 김치를 보급하게 해보라. 정말 필요한 사람들이 자존심 구기지 않고서도 요긴하게 가져가면서 먹거리를 보장받을 수 있을 것이다. 요새처럼 먹거리가 넘쳐나고 풍요롭기 그지없는 세상에 굶는 사람이 어디 있고, 주린 사람이 어디 있냐고 물을 수 있겠지만, 지금의 복지 정책으로 다 채울 수 없는 사각지대가 있다. 이 또한 지역 먹거리 정책이 포용해야 할 영역이다.

언니네텃밭의 경험은 우리에게 국한된 것이 아니라 전국의 대다수 소농, 가족농, 고령농, 귀농자 등의 존립과 전망에 관한 문제이기도 하다. 그들 모두는 지역공공 먹거리 정책 안으로 들어가야 한다. 그래야지만 진정한 푸드플랜으로 거듭나서, '지역생산–지역소비'라는 목표가 빛을 발할 것이다. 틀에 박힌 행정 관행에 따라 접근한다면, 돈과 그럴 듯한 구호만 뿌려질 뿐 일은 결국 과거처럼 엉뚱하게 흘러갈 것이다. 요는 관점과 철학의 문제다.

소비자가 바라본
대안 먹거리 운동

정은정
농촌사회학 연구자

동네 막걸리와 두부를 찾아서

자칭이자 타칭인 '농촌사회학 연구자'라는 타이틀에는 속내가 있다. 소속도 없이 여전히 '박사 수료'의 신분으로 남아 떠돌며 글 쓰고 강의하는 사람이라는 고백이다. '농촌사회학자'라는 언명은 가급적 피해달라 부탁을 하는데 '학자'라는 말이 갖는 무거움도 있거니와 최소의 자격증인 박사학위가 없어서다. 장황하게 농촌사회학 연구자라 칭하는 이유를 든 까닭은 글 주제가 '소비자 입장에서 본 (대안) 먹거리 운동'이기 때문이다. 숨 쉬는 것에서부터 모든 일이 소비이고 생산자도 유통업자도 아닌 내가 소비자인 것은 당연하지만 오랫동안 나는 소비자 입장을 생각해본 적이 없었다. 소비자로 살았으되 소비자 입장이 아니었다는 것. 딱 '말이야, 막걸리야?'의 꼴이다. 하는 공부가 농촌사회학이고 글을 쓰거나 발언할 일이 있으면 농민 입장을 전달한다는 마음으로 지내왔기 때문일 것이다. 하지만 결국 나도 매순간 먹고 입고 쓰는 소비자일 뿐이고, 매번 여러 선택지를 놓고 가장 싸고 기왕이면 좀 맛도 좋고 농약도 덜 뿌린 것들을 찾아 헤맸다. 그저 개념 있는 척하면서 몇 마디씩 농업의 입장을 앞세워 나를 드러내려 했을 뿐이다.

말이 나왔으니 막걸리 이야기로 시작해보자. 전국에 돌아다니면서 꼭 들르는 곳이 로컬푸드 매장이다. 로컬푸드 직매장이 없는 곳이 더 많아 주로 지역농협 하나로마트에 들른다. 하나로마트에 로컬푸드 매대가 있으면 부러 장을 본다. 채소와 지역 특산물을 고르고 지역에서 생산하는 막걸리와 두부는 꼭 사들고 온다. 전국 유통을 하는 장수막걸리나 지평막걸리 같은 큰 주조회사의 막걸리는 어디에서든 살 수 있지만 지역산 막걸리는 그 지역에서만 살 수 있는 경우가 많다. 국내산 쌀이 들어간 막걸리는 가격대가 센데, 종종 지역산 쌀을 넣은 막걸리가 있으면 개중 가장 비싸더라도 냉큼 집어든다. 대부분의 지역산 막걸리도 수입쌀과 밀가루가 주재료이긴 하지만, 그 고장에서만 맛볼 수 있는 나의 '찐로컬푸드'다.

두부도 마찬가지다. 로컬푸드 직매장에서 가장 인기 있는 제품은 두부와 콩나물이다. 두부와 콩나물은 기본 먹거리이자 신선식품이어서 가급적 가까운 곳에서 만들어진다면 소비자들에게도 더할 나위 없다. 전국 유통망을 가진 대기업 팩두부를 농촌 슈퍼마켓에서도 쉽게 만날 수 있지만 동네 두부공장에서 만든 판두부를 봉지에 담아오는 재미에 비할 바가 아니다. 그중 로컬푸드 직매장에서 종종 만나는 '동네두부', 즉 작은 영농조합법인에서 만든 두부를 만나면 참 반갑다. 모양새도 균질하지 않고 개성 넘치는 두부 맛을 볼 수 있기 때문이다. 땅과 물맛이 다르니 두부 맛도 제각각이다. 물론 이런 두부도 로컬푸드 직매장이 있는 곳에서나 살 수 있다.

로컬푸드 매장이 없거나 동네 두부를 살 수 없으면 아쉬우나마 지역 하나로마트나 슈퍼마켓에 들러 두부를 산다. 보통 판두부 형태로 한 모씩 덜어 파는 두부는 유통 거리가 지역 반경을 넘지 않는다. 팩 포장을 하지 않고 비닐봉지에 담아가는 옛날 방식인데, 팩 포장을 하지 않으면 유통 과정에서 두부가 으깨지니 멀리 가지도 못한다. 식품 성분표를 보면 미국이나 캐나다, 호주 등 수입콩을 쓰고 소포제도 들어가 있다. 국내 유수의 식품 기업에서 생산한 두부가 소위 '스펙'이 더 좋다. 국산 콩에다 소포제까지 넣지 않았다며 프리미엄 두부로 팔리고 있다. '푸드 마일리지'로 따지고 들어가면 지역에서 파는 수입산 콩으로 만든 판두부보다 푸드 마일리지가 더 짧을 수도 있다. 하지만 과연 어떤 것이 로컬푸드에 가까울까? 지역에서 살 수 있는 판두부나 중국산 콩으로 길러 시루째 파는 지역 콩나물을 안전과 친환경의 이름으로 가둘 수는 없을 것이다.

로컬푸드와 생활협동조합

대표적 대안 먹거리 운동이라면 생활협동조합 운동(이하 생협 운동으로 약칭)과 로컬푸드 운동을 꼽을 수 있다. 내가 경험해본 대안 먹거리 운동도 이 두 쪽이다. 나는 종종 로컬푸드 운동 조직이나 생협에서 강의나 원고 의뢰를 받는다. 관련해서 논문을 쓴 적도 있고 신문 칼럼에도 종종 저 두 사례를 언급해왔다. 시장에 포획된 현대 농업과 먹거리 체계에 가장 현실적인 대안으로 로컬푸드와 생협, 그리고 지역 먹거리에 기반한 학교급식을 꼽아왔다.

나는 모 생협의 오래된 소비자조합원이다. 2003년에 가입해서 아직까지도 생협 조합원의 자격을 유지하고 있다. 안전한 먹거리에 관심을 가졌던 계기는 어머니 때문이었다. 중증 말기암 진단을 받고 주변에서 당시 '민족생활의학'에서 권유하는 음식들이나 약재를 드시게도 하고 단식과 풍욕 등 자연치료법에 매달려보았다. 과정 중에 잠깐 호전되기도 했지만 결국 병마를 이기지 못하고 돌아가시게 되었는데 짧은 병간호의 경험이 강렬했다. 일단 몸에 관심을 갖게 되었다. 여기에 더해 엄마가 왜 그런 몹쓸 병에 걸렸을까 하는 집요한 의문이 생겼다. 비닐하우스 농사가 엄마의 병을 더욱 돋운 것은 아닐까, 나름대로 결론에 닿았다. 당시 이른 아침에 비닐하우스 문을 열고 들어가면 매캐하고 탁한 공기가 그대로 훅 치고 들어오곤 했다. 무엇보다 고된 농사일이 엄마의 몸을 야금야금 갉아먹었다.

이 경험으로 나는 친환경 농업은 소비자들의 건강을 위해서가 아니라 생산자인 농민의 건강을 지키기 위해서 필요하다는 확신을 얻었다. 비산되는 농약을 그대로 들이마시는 이들은 바로 농민이기 때문이다. 당시 유기농이나 친환경 농산물을 구해서 엄마에게 음식을 해드리는 일은 쉽지 않았다. 20대 초반에 불과했던 내가 접근할 수 있는 정보는 많지 않았다. 훗날 생협이란 곳이 있다는 걸 알게 되고 얼마나 안타까웠는지 모른다. 진작 알았더라면 '무공해 식품'을 쉽게 구할 수 있었을 텐데, 그 아쉬움이 길었다.

생협은 나 같은 사람에게 딱 맞는 방식의 대안 먹거리 소비처였다. 아이들은 어리고 장을 보러 다닐 여력도 없었다. 그리고 나는 몸이 아플까 봐 두려웠다. 아이들이 태어날 무렵인 2000년대 초반 자연주의 출산과 육아법이 열풍이었고 그 시류에 의심 한 번 하지 않고 편승했다. 자연분만이나 모유수유 권장이야 좋은 일이지만 나머지 과도한 자연주의적 방법들은, 돌이켜보면, 엄마들에게 공포와 죄책감을 심어주었다. 논란이 컸던 약을 안 쓰고 아이들을 키운다는 '안아키' 육아법을 신봉하는 이들 중에서는 생협 조합원들이 많았다. 환경호르몬과 항생제 내성, 식품첨가물의 문제, 아토피와 성조숙증 등 시중에서 파는 음식은 손도 닿아서는 안 될 것들이었다.

나도 의심하지 않고 '생협맘'이 되어 '식품순수령'을 준수하면서 살았다. 식당에 가더라도 아이 음식은 따로 싸서 다녔다. 그때 내게 생협이란 먹거리 운동이 아니라 식품 위험으로부터 아이와 나를 지켜줄 구원처였다. 인터넷을 통한 정보 수집에 능한 고학력의 젊은 엄마들의 불안을 먹고 내가 속한 생협은 쭉쭉 성장해 나갔고 그에 상응하는 다양한 제품을 만들어냈다. 소비자 조합원들도 끊임없이 시중에서 파는 식품과 똑같은 것을 만들어달라고 요구했다.

내 아이가 먹을 김밥만큼은 염산 처리를 하지 않은 김과 유기농 쌀, 색소와 빙초산을 넣지 않고 친환경 무로 절인 단무지, 발색제가 들어가지 않은 햄과 유정란, 방사능과 환경호르몬이 검출되지 않은 게맛살과 캔참치까지, 점점 더 품목은 늘어났다. 하여 웬만한 식료품은 생협에서 모두 구매할 정도가 되어갔다. 모든 것이 소비자 조합원들이 원한다는 명분에 따른 것이었다. 이번 신제품 잘 빠졌다는 소문이 나는 식품들은 시판 중인 기업 제품과 흡사한 맛과 모양새를 내던 것들이다. 하지만 우리밀로 만든 라면과 새우과자, 공정무역을 내세운 코코아 가루를 넣은 초코우유가 대안 먹거리일까?

스무 살이 된 딸아이는 '생협 키즈'였다. 생협에서 나오는 식품들로만 먹고 유아기를 보냈다. 어느 날 옥수수밭에서 나는 옥수수를 가리키며 우리가 먹는 옥수수가 바로 저 밭에서 나온다 일러주었더니 딸아이가 "옥수수는 생협에서 오는 거야!"라고 고함을 지른 적이 있었다. 나는 당혹스러웠다. 어릴 때 자주 불렀던 '밀과 보리가 자라네'라는 노래를 들려주며 "농부가 씨를 뿌려 흙으로 덮은 후에," 그러니까 농부가 씨를 뿌려야만 옥수수가 온다는 이야기를 하고 싶었다. 하지만 생협 키즈에게는 그 과정이 어그러져 있다는 걸 알았다.

아이들이 초등 고학년이 되자 돈을 들고 사먹는 재미에 빠지게 되었고 그것 또한 학창시절의 즐거움이어서 말리지 않았다. 그러던 어느 날 딸아이는 생협에서 만들어낸 가공식품의 아킬레스건을 건드렸다. "엄마, 생협 라면을 먹다가 ○○라면을 먹으니까 다시는 생협 라면을 못 먹겠어. 기왕 먹는 거 맛있는 라면을 적게 먹는 것이 더 이로운 거 아니야?" 아이가 배운 첫 라면은 생협 라면이고 아이를 라면의 세계에 입문시켜준 것도, 라면을 욕망하게 만든 것도 생협 라면이었다. 결국 대안이라고 여겨왔던 수많은 식품들은 대체재에 불과했을 뿐이다.

지금도 가끔 생협에서 물품을 구매하지만 더 이상 가공식품은 주문하지 않는다. 아이들은 '진짜 새우깡'을 알고 있기 때문이다. 굳이 대안 체제를 만들기로 결심했다면 처음부터 만들지 말고 안 먹는 것이 근본적 대안이었을 것이다. 아니면 대안이라고 내세우지 말고 경영의 차원에서 만든다고 좀 더 솔직히 말하는 게 나았을지도 모른다. 새로운 식품이 개발되면 더 많은 비닐과 플라스틱, 더 많은 물과 에너지를 쓰며 탄소를 배출할 것이기 때문이다.

로컬푸드, 논문은 쏟아져 나오건만

아이들은 자라고 나도 머리 굵어져, 생협에 대한 의지도 줄었고 종종 비판의 목소리를 내기도 했다. 그리고 본연의 관심사인 농촌과 농업의 문제로 돌아왔다. 농민이었던 부모님은 근면성실하기로는 동네 최고였다. 아버지는 술담배도 하지 않았다. 하지만 두 분이 아무리 노력을 해도 형편은 나아지질 못했다. 농사를 잘 지어도 제대로 팔 곳이 없다는 것도, 농사는 늘 변덕스럽다는 것도 골치였다. 날씨에 따라 작황은 들쭉날쭉하고, 시설재배를 하면서 연작 피해를 입었으며, 해마다 창궐

하는 병해충 피해도 있었다. 무엇보다 시장은 더 혼란스러웠다. 비슷한 시기에 주산지 중심으로 특정 농산물이 홍수 출하가 되어 농산물 가격은 곤두박질쳤다. 주 작물이 토마토였던 우리 집은 인근 서울 소비자들에게 매달려서 짓는 농사인데, 비슷한 시기에 땅값이 훨씬 싼 전라도에서 토마토를 밀고 올라오면 속수무책이었다. 이런 고통스러운 경험이 투영되어 '로컬푸드 운동' 중에서도 제철꾸러미 사업에 눈이 번쩍 뜨였다. 아버지 같은 손 야무진 소농들에게 다만 몇 만 원이라도 더 쥐어줄 수 있는 사업으로 보였기 때문이다.

특히 전국여성농민회총연합(전여농)에서 주도하는 '언니네텃밭' 꾸러미 사업에 많은 관심이 갔다. 여성 농민들이 주도하여 마을에서 생산하고 가공하는 농산물과 반찬들을 정성스럽게 꾸려 도시 소비자들에게 꾸러미로 보내는 이 사업은 여러모로 주목을 받았다. 무엇보다 '터프함'이 맘에 들었다. 모든 권력은 소비자에게서 나오는 세상에서, 언니네텃밭 꾸러미는 일종의 '주는 대로 먹으라'는 생산자 중심의 메시지 같아 멋졌다. 꾸러미 생산자 회원들이 작부 계획은 짜지만 농사란 것이 하늘과 사람에게 맡기는 일이어서 투입-산출이 정확하지 않다. 큰 계획은 공유하지만 상황따라 변할 수 있다는 것을 미리 못 박아 두는 것도 맘에 들었다. 다만 제철 농산물을 받아 직접 요리해서 먹겠다는 굳은 결심이 없으면 도저히 이어갈 수 없는 방식이다. 당시 방송 프로그램에 언니네텃밭 제철꾸러미가 방영되자 전여농 사무실에서는 회원가입 문의 전화가 폭주했다. 그중 소위 쌀 한번 안 씻어봤을 듯한 장년 남성들이 건강을 위해 주문하겠다고 하자, '사모님께 허락받고 하시라'고 반려했다는 것이다. 제철 농산물을 다룰 줄 모르고 요리할 줄 모른다면 금방 이탈할 수밖에 없기 때문이다.

농산물꾸러미가 주목을 끌자 농협에서도 로컬푸드 운동조직에서도 이 사업을 추진했지만 이렇다 할 성과로 남지 못했다. 나도 10년 전쯤 충남 공주 지역의 로컬푸드 제철꾸러미를 받아먹었지만 회원 유지를 하지 못했다. 여름에는 박스가 터져나가도록 채소가 와서 감당하기 어려웠고 신선채소가 부족한 겨울에는 건나물과 건채소 위주로 왔지만 그 양이 애매했다. 여러 농가를 참여시키려다 보니 적은 양의 건나물들이 구성품이었고, 살림하는 입장에서 보자면 이걸 조금 하자고 불리고 무치는 것이 효율이 없었다. 그래서 이런 의견을 소비자로서 제시하면 그다음에는 종류는 줄고 양은 늘어났다. 그러면 또 다른 소비자 회원이 식구는 적은데 이렇게 많이 보내면 부담스럽다며 다양하게 종류를 늘려달라거나 왜 매번 비슷한 것을 보내느냐고 불만을 표하기도 한다는 것이다. 생산자 회원들의 고충도 컸다. 생산물의 양과 종류는 한정되어 있건만 매번 다양하게 꾸러미를 꾸린다는 것이 어려웠다. 실제로 실무자들은 같은 사양의 농산물을 지역 하나로마트에서 구매해서 꾸러미에 넣기도 했다. 로컬푸드의 다양한 유형 중에서 가장 빠르게 확산된 사업 형태가 제철꾸러미지만 지금 이 사업을 유지하고 있는 곳은 많지 않다.

그리고 로컬푸드 직매장 방식이 있다. 완주 로컬푸드의 성공으로 전국 기초지자체와 농협이 앞다투어 선진지 견학을 하고 벤치마킹을 했다. 아직도 지역에 내려가면 로컬푸드 사업을 하려는 조직에서는 모악산에 있는 완주 로컬푸드 매장 견학이 필수 코스다. 역대 정부에서도 로컬푸드 사업 활성화를 주문하며 지원을 해왔다. 몇몇 연구자들은 농민과 도시 소비자의 공고한 관계 속에서 이루어져야 하는 로컬푸드 운동이 자칫 관료화될 수 있다는 우려를 나타내기도 했다.

이유를 막론하고 적어도 지난 10년 동안 로컬푸드 열풍이 불었던 것만은 분명하다. 심지어 '로컬푸드'라는 키워드로 작성된 학술논문만 해도 500편이 넘는다. '로컬푸드'라는 말을 모르는 사람이 없어서 보통명사가 되었을 정도다. 덕분에 나도 전국 로컬푸드 매장에 들러 온갖 막걸리와 두부를 맛볼 수 있게 되었지만 정작 내가 사는 동네에서 로컬푸드 먹기란 어렵다. 도농복합도시였지만 이제는 소비도시로 변모해 '로컬'도 없고 '푸드'도 없는 지역이기 때문이다. 로컬푸드를 적극 소비하고 싶은 사람들은 대개 소비 집중 지역인 도시에 있지만 접근하기엔 어려운 상황이다.

주차 맛집인가 로컬푸드 맛집인가

근래 강원도 모 지역에 출장을 갔다가 번듯하게 지어놓은 로컬푸드 매장을 보았다. 오일장이 서는 주말인데도 동네가 한산할 정도로 오지인데, 코로나19의 영향에다 군사 접경지역이어서 군부대 외출과 휴가 정책에 울고 웃는 동네다. 이런 군사 지역에서 대규모의 로컬푸드 매장을 열었을 때에는 꿈에 부풀었을 것이다. 주말에 군인 면회하러 오는 외지인들이 들러 우리 고장의 신선한 농산물과 특산물을 구매해갈 것이라는 기대를 갖고 구도를 짰을 것이다. 그래서 넉넉한 주차장과 쾌적한 화장실을 마련해두었다. 아니 할 말로 '주차 맛집'이다. 카페도 입점시켜 고객들이 편히 쇼핑할 수 있게끔 한다는 장밋빛 꿈을 꾸었을 것이다. 하지만 꿈은 이루어지지 못한 듯하다. 매장에 들어가니 예의 로컬푸드 매장의 상징인 원목 매대만 휑하다.

신선식품으로는 호박과 풋고추, 나물 몇 가지, 대파, 감자가 전부였다. 내 필수 쇼핑 목록인 두부와 막걸리는 없었다. 사람이 없으니 물품을 많이 가져다놓아도 팔리지 않고 재고 처리에 골치 아팠을 것이 뻔하다. 자꾸 줄이다 보니 냉장 쇼케이스 한 대를 겨우 채울 정도의 신선식품만 있을 뿐이다. 외지에서 온 소비자는 지나치게 한산한 매장에 들어서서 당황하고, 손이 부끄러워 채소 몇 가지를 골라 서둘러 자리를 떠나거나 빈손으로 나간다. 외지인이 오지 않으면 현실적으로 로컬푸드 매장이 굴러가지 않는다. 아마 사업을 계획하면서 코로나19도 없고 주말 방문객도 많은 상황을 전제로 설계했을 텐데 무참히 깨져버리고 말았다. 그렇다면 코로나19 사태만 끝나면 모든 상황이 정상으로 돌아올까?

비근한 사례로 순창농협과 손을 잡고 로컬푸드 사업을 수행하고 있는 한 동료는 대부분의 농산물꾸러미를 수도권이나 대도시 소비자들에게 보내고, 농협 내 로컬푸드 매대의 매출은 일평균 50만 원에 불과하다고 한다. 이는 순이익이 아니라 총매출이고 현실적으로 매장 매출로는 유지가 어렵다. 농촌에서는 동네만 한 바퀴 돌아도 남아도는 것이 채소들이다. 농촌의 특성상 작은 땅뙈기에 채소 몇 주를 서로 나눠 주어도 남아돌아 밭둑에 버리는 것들도 많다는 것이다. 농사를 짓지 않는 지역 주민들을 바라보고 이 사업을 진행할 수 없는 것이 엄중한 현실이다.

학교급식 운동, 위기 속에서 길을 잃고

'급식대란', 매사 대란이란 말을 붙이는 일이 경박스럽지만 내게는 정말 대란이다. 수도권 학교에 다니는 아이들이 코로나19로 1년 반이 넘도록 등교를 띄엄띄엄하고 있다. 그래서 아이들 밥을 챙기느라 헉헉대는 중이다. 모든 돌봄의 압박은 고스란히 내가 지고 있다. 매식의 비율도 확연히 늘어났다. 밖에서 사먹는 외식을 포함해 간단하게 아이 혼자 먹을 수 있는 즉석식품도 구비해놓는다. 나는 워킹맘이기 때문이다. 도시락을 싸서 보내던 시절도 있었고 제 자식 해 먹이는 일에 뭘 그리 앓는 소리 하냐고도 할 수 있겠지만, 나는 사회적 제도로 안착한 학교급식의 수혜자로 살아왔다.

단언컨대 한국의 먹거리 운동 중에서 성공한 것이 학교급식 운동이다. 1998년 학교급식이 전면 실시된 것도 운동의 결과였으며, 직영급식으로의 전환, 친환경 무상급식으로의 발전, 고등학교 무상급식 도입과 채식급식 선택제 도입까지 쭉쭉 치고 나간 것이 학교급식 운동이다. 선배들이 노력한 덕분에 나는 적어도 도시락을 싸서 보내는 수고를 덜었다. 무상급식을 쟁취해낸 덕분에 모든 학생이 눈치 보지 않고 학교에서 따뜻한 밥을 먹을 수 있게 되었다. 그런데 자랑스러운 이 학교급식이 이런 비상사태에서는 힘을 발휘하지 못한다. 사회화되었던 학생들의 '점심밥' 문제가 엄마인 나에게 다 떠넘겨지고 있다.

작년에는 '학생가정꾸러미'라 하여 그나마 쌀 10kg(5만 원 상당)을 집으로 보내주더니 올해 들어서는 아예 그런 요식행위조차 없다. 수도권의 학생가정꾸러미 사업에 대한 비난 여론이 거셌기 때문이다. 교육청에서는 일선 학교에 이 업무를 떠넘겨버렸다. 학교에서는 꾸러미를 구성해본 경험도 없고 행정 부담이 있어 업체에 맡겨 쌀을 보냈다.

부모들은 다른 지자체에서는 골고루 잘 챙겨서 보내던데 이게 무엇이냐고 항의했다. 반대로 친환경 신선채소·식품을 구성해서 보낸 학교에서는 집에서 요리를 하지 않으니 가공식품을 보내달라 하는 등, 만인에 대한 만인의 투쟁과 같은 상황이 벌어져 이 사업은 접고 말았다.

본래 이 사업은 학교급식 계약 농가의 손실을 보전하려던 것이었다. 하지만 학부모들은 학교급식의 사회적 의미에 대해서 배운 적도 안내

받은 적도 없다. 그저 내가 내는 세금으로 내 아이들을 먹이는 것이니 먹지 못한 끼니만큼 채워달라고 소비자로서만 요구하는 것이다.

호박이 아니라 호박나물이 필요한 사람들

혼자 사시는 아버지의 반찬을 챙겨드려야 할 때가 있다. 근래 코로나19 때문에 혼자 드셔야 할 일이 많아 더욱 신경이 쓰인다. 또래의 남성 노인들에 비해 요리를 잘하시는 편이지만 소소한 반찬이 문제다. 마른 반찬이나 장조림같이 오래 두고 먹을 수 있는 반찬을 쟁여놓거나 봉지만 뜯어 데워 드실 수 있는 가정편의식을 사놓기도 한다. 그동안 노인정에서 공동급식으로 한 끼 식사를 즐겁게 드셨지만 코로나19 때문에 그 즐거움도 멈췄다.

지자체에서는 급한 대로 식당에서 이용할 수 있는 식권을 제공하기도 하고 영양 취약계층 가정에 도시락 배달과 반찬 배달도 하지만 골고루 혜택이 가지는 않는다. 아버지는 다행히 경제적으로 쪼들리지는 않지만 균형 잡힌 식사를 매 끼니 드시지는 못한다. 이유는 1인 고령가구이기 때문이다.

팔순이 넘은 아버지는 풋호박은 좋아하지만 이 호박으로 반찬을 만들 여력은 없다. 텃밭농사를 지어 주변에 푸성귀를 나누어주는 일이 보람이지만 정작 본인이 해서 먹지는 못한다. 아버지 같은 1인 고령가구에 신선 먹거리가 그대로 공급되는 것이 대안이 될 수 없는 이유다.

꼭 소득의 문제가 아니어도 '1인 고령가구'인 아버지와 소득이 있는 워킹맘인 나도 먹는 문제가 이렇게 고민스러운데, 하물며 빈곤 상태에 놓인 노인과 어린이와 청소년과 청년들은 어떤 상황을 견디고 있는 것일까. 이들이야말로 '호박'이 아닌 '호박나물'이 절실할 텐데 말이다.

팬데믹만 끝나면 다시 잔치를 열 수 있을까?

우리가 대안이라고 여겼던 것들, 심지어 '대안 먹거리 운동'들이 이런 비상사태에서 제대로 작동하지 않는다면, 과연 대안이라 이름 붙일 수 있을지 모르겠다. 로컬푸드 매장을 멋들어지게 만들어놓아도 사람들이 찾지 않는다면 덩그러니 편백나무 매대만 남을 뿐이다. 로컬푸드에 기반한 친환경 먹거리와 비유전자조작식품Non-GMO을 학교급식에 공급하기로 결정해도 아이들이 학교에 가지 못한다면 소용이 없다. 코로나19로 건강에 대한 관심이 높아지고 온라인 거래의 편리함 때문에 조합원이 확 늘어나 생협 매출이 늘어도, 이 늘어난 조합원들이 진정한 조합원이라기보다 '고객'의 입장을 갖고 있다면, 이를 생협의 성장이라고 말할 수 없다. 각자 잘 버티다 언젠가 좋은 날 다시 만나 대안을 도모하자는 이야기는 그래서 공허하다. 어렵고 힘든 시기에 어려운 이들의 밥상을 지키는 것이 먹거리 운동의 본령이다.

농식품 폐기물을
어떻게 줄일 것인가

홍연아
한국농촌경제연구원
부연구위원

농식품 폐기 문제, 왜 중요한가?

매년 전 세계 식량 생산의 3분의 1에 해당하는 약 13억 톤의 먹거리가 식탁에 오르지 못하고 버려지고 있다. 이는 세계 총 곡물 생산량의 절반에 달하는 수준이다.[1] 국내에서 버려지는 농식품 폐기물 양도 만만치 않다. 환경부에서 실시한 전국 폐기물 통계조사에 따르면 2011~2016년 사이 18.2% 가량 증가했고, 농식품 폐기물로 인해 치러야 하는 경제적 비용은 2018년 기준 20조 원에 이른다. 우리나라의 곡물자급률은 21%이고 식량자급률이 45.8%에 불과한 것을 생각하면, 아이러니한 상황이 아닐 수 없다.[2]

이러한 농식품 폐기물은 단순히 우리가 먹고 남기거나 버린 음식물 쓰레기를 말하는 것일까? 농식품 처리 및 저장 과정에서 농산물이 손상되는 경우처럼 소비자에게 가기 전에 의도치 않게 손실된 음식물을 '식품 손실'이라고 부른다. 또 유통기한 전에 판매되지 못하여 폐기 처

[1] 국제연합식량농업기구FAO, 「세계 식품 손실과 폐기—정도, 이유와 예방"Global food losses and food waste—Extent, causes and prevention"」(Rome, 2011).

[2] 홍연아·윤찬미, 「식품수급표」(한국농촌경제연구원, 2019).

분된 식품같이 소비에 적합하지만 의도적으로 버려져 소비되지 못한 음식물을 '식품 폐기'라고 부른다. 농식품 폐기물이 발생하는 원인을 '농식품 가치사슬'(농식품을 만드는 데 필요한 생산과 부가가치 활동이 발생하는 전 과정)의 차원에서 단계별로 구분해볼 수 있다. 〈표 1〉은 농식품 가치사슬에 따라 식품 손실과 폐기가 언제 어떻게 발생하고 어떤 식품을 포함하는지를 설명하고 있다.

생산 단계에서는 농산물을 수확하는 동안이나 직후에 손실과 폐기가 일어날 수 있다. 예를 들어 비효율적인 수확 장비를 사용하면서 농산물이 버려지거나, 다소 품질이 떨어진다고 판단되는 채소와 과일은 (비품으로 처리되어) 수확되지 않는다. 생산 후 처리와 저장 단계에서는 해충·곰팡이·질병에 의해 농산물이 상하거나 손실이 생길 수 있다. 소비에 적합한 수준으로 생산된 농식품도 가공과 포장 단계에서 버려질 수 있다. 제품 가공 시 농산물의 모양과 크기가 일정한 기준에 맞지 않

표 1 | 농식품 가치사슬에 따른 식품 손실 및 폐기

구분	생산	처리 및 저장	가공 및 포장	유통 및 시장	소비
정의	농산물을 수확하는 동안 또는 수확 직후 발생.	생산 후 처리·보관·운송 중 발생.	산업 또는 국내 가공·포장 중 발생.	도매 및 소매 시장에서의 손실을 포함한 시장 유통 과정에서의 발생.	식당·외식업체를 포함한 소비자의 가정 또는 사업체에서의 손실.
포함 사항	비효율적 수확 장비에 의해 버려진 농산물, 버려진 생선, 수확되지 않은 과일이나 낮은 품질로 인해 버려진 과일 등.	해충·곰팡이·질병에 의해 상한 식품.	상한 우유, 손상된 생선, 가공하기에 부적합한 과일. 잘못된 주문 및 비효율적 공장 가동으로 인해 폐기된 식품.	외관이 품질 기준에 미치지 못하거나 유통기한 및 소비기한이 지나 폐기된 식품.	소비자·식당·외식업체가 구매했지만 섭취하지 않은 식품.

자료 : 세계자원기구WRI, 유엔환경계획UNEP, 「지속가능한 먹거리 미래 창조」를 위한 '식품 손실과 폐기 감축"Reducing food loss and waste 'creating a sustainable food future"」(2013).

아서 골라 내버리거나, 공장의 생산 레일에 의외의 문제가 발생할 때 그렇다. 유통 과정에서도 판매에 부적합한 품질로 판단되거나, 유통기한이 임박한 경우에는 버려지는 경우가 많다.

이같이 농식품 폐기물이 발생하는 원인은 농식품 가치사슬의 단계별로 차이가 있고, 의도적으로 발생했는지 아니면 의도치 않게 발생했는지 상황에 따라서도 차이가 있다. 그렇기 때문에 이를 줄이기 위한 효과적인 전략도 상황에 맞게 세워야 한다. 특히 우리가 농식품 폐기물 감축을 위해 농식품 유통과 소비 단계에 좀 더 집중해야 하는 이유는, 이 단계에서 발생하는 농식품 폐기물량이 이전 단계에 비해 상대적으로 많기 때문이다. 또한 농식품 유통과 소비 단계에서 발생하는 폐기물은 소비자·판매자·외식업체 등 경제 주체들의 의식적인 노력을 통해서 감축될 수 있기 때문이기도 하다. 실제로 우리나라의 경우 폐기되는 음식물의 비율을 살펴보면, 유통 및 조리 과정에서 발생하는

그림 1 ㅣ 식품 폐기 계층구조

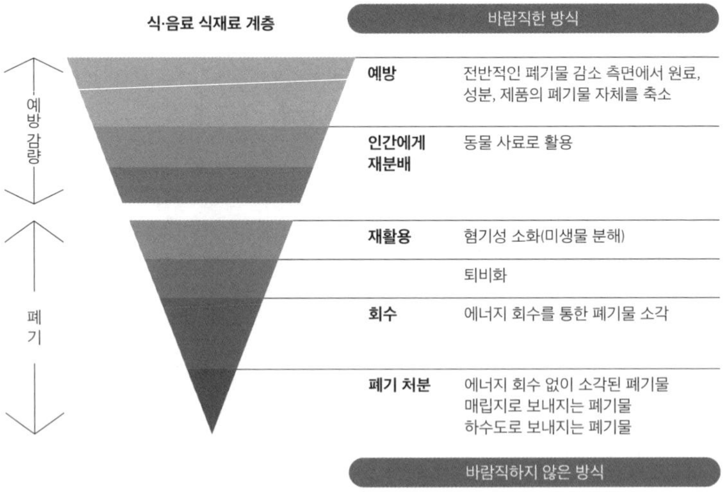

식·음료 식재료 계층	바람직한 방식
예방	전반적인 폐기물 감소 측면에서 원료, 성분, 제품의 폐기물 자체를 축소
인간에게 재분배	동물 사료로 활용
재활용	혐기성 소화(미생물 분해)
	퇴비화
회수	에너지 회수를 통한 폐기물 소각
폐기 처분	에너지 회수 없이 소각된 폐기물 매립지로 보내지는 폐기물 하수도로 보내지는 폐기물

↑ 예방 감량

↓ 폐기

바람직하지 않은 방식

양이 전체 발생량의 약 57%를 차지하며, 먹고 남은 음식물로 인한 발생량은 약 30%를 차지하는 것으로 알려져 있다. 유통기한이 지나거나 신선도 문제 등으로 보관 중 폐기되는 농식품도 약 9%를 차지한다.

우리나라의 농식품 폐기물 감축정책, 방향 전환이 필요하다

EU 회원국은 우리보다 먼저 유통과 소비 단계에서의 농식품 폐기 발생 문제의 심각성을 인지하고 이를 줄이기 위한 노력을 다각적으로 기울여왔다. 특히 농식품 생산에서부터 소비에 이르기까지 단계별로 남는 농식품을 가축사료로 활용하는 등 먹거리 이외의 용도로 활용하기보다는, 사람이 소비하는 방안을 마련하도록 유도하고 있다. 농식품 폐기 방식의 계층구조를 보여주고 있는 〈그림 1〉에 따르면, 이것은 농산물·식품원료·완제품 등이 폐기되는 양 자체를 줄이는 방식과 함께 바람직한 방식으로 구분되어 있다. 식품에 표시된 제조일자·유통기한·소비기한이 의미하는 바에 대해 소비자들의 이해를 높여 하자가 없는 제품이 폐기되는 상황을 방지하거나, 소비기한이 임박한 제품의 기부를 권고하는 것이 해당 방식의 대표적인 예이다.

우리나라의 농식품 폐기물 감축정책은 유럽과는 차이가 있다. 정책 추진 초기에는 농식품 폐기물 수거 및 처리 시설을 확충하는 인프라 구축에 초점을 맞추었다. 그러나 많은 민원과 시설부지 확보 어려움 등으로 정책 방향은 농식품 폐기물을 '감량'하는 방향으로 변경되었다. 우리나라에서 사용하는 이 '감량'이라는 용어는 농식품 폐기물 발생을 억제한다는 개념이 아니라 '중량을 줄이는 것weight-reduction'을 의미한다. 현재 농식품 폐기물 감량은 기초자치단체장의 책무로 이행

되고 있다. 각 기초자치단체는 「폐기물관리법」 제14조의3[3] 동법 시행규칙 제16조[4]에 따라 5년 단위로 농식품 폐기물 감축 계획을 수립하고 매년 평가하도록 되어 있다. 각 지자체에서 실행하고 있는 농식품 폐기물 감축 정책은 크게 세 가지로 구분할 수 있다. 첫째는 농식품 폐기물 종량제 확대와 종량제 수수료 현실화, 둘째는 다량배출 사업장 감량목표관리제, 셋째는 주민을 대상으로 한 감량 홍보 및 교육이다.

우리나라 농식품 폐기물 감축정책은 이미 식품이 폐기물이 된 상태에만 한정되어 있다. EU 회원국처럼 농식품이 폐기물이 되지 않도록 사전에 억제하는 차원에서 노력하는 것과 대조된다. 이미 생산된 식품이 쓰레기가 되지 않도록 사전에 활용하는 방안을 마련하는 것은 중요하다. 왜냐하면, 완제품뿐만 아니라 제품의 생산-가공-유통-소비 과정을 거치면서 제품의 부가가치를 높이기 위해 투입된 에너지와 자원들 역시 잘 활용되는 것을 뜻하기 때문이다. 우리나라의 농식품 폐기량은 가공식품과 가정간편식 제품이 인기를 끄는 소비 트렌드의 변화, 온라인 쇼핑과 편의점 이용 증가와 같은 유통 환경 변화에 지속적으로 영향 받을 것으로 예상된다. 따라서 이 변화에 맞는 적절한 방안 모색이 필요하다.

농식품 폐기물 감축을 위한 시도와 노력

최근에는 유통기한이 임박한 상품을 판매하는 마감할인 플랫폼이 등

---

[3] https://www.law.go.kr/법령/폐기물관리법.

[4] https://www.law.go.kr/법령/폐기물관리법시행규칙.

장했다. 이 플랫폼은 환경을 생각한 식품 소비 활동에 공감하고 다양한 농식품을 저렴하게 구매하려는 소비자들 사이에서 인기를 끌고 있다. 산지와 농가에서 구매자를 찾지 못해 버려지기를 기다리는 신선 농산물, 유통기한이 얼마 남지 않은 가공식품 등은 이곳에서 제 소용을 다할 기회를 찾고 있다. 소비자들은 필요한 제품을 보다 값싸게 사면서도 동시에 환경을 생각하는 소비를 할 수 있고, 생산자와 판매자는 자칫 버려야 할 제품을 판매해 경제적 이익을 취할 수 있다. 이러한 민간 플랫폼 사용 확대를 유도하는 것이 각 경제 주체들의 만족도를 높이면서 농식품 폐기 감축도 달성하는 한 방법이 될 수 있겠다.

또한 학교, 공공급식 시설 등의 집단 급식소에서 시범사업으로 추진되고 있는 잔반 측정 체계 도입 역시 매우 흥미롭고 향후 효과가 기대되는 시도이다. 식사 전후에 식판을 잔반 측정 체계에서 스캔하면 개인이 섭취하고 남긴 식사량이 자동으로 파악될 뿐만 아니라, 섭취한 칼로리·영양소 등의 정보까지 제공되어 개인 식단 관리가 가능하다. 급식소는 이를 이용하는 고객들의 메뉴 선호도를 정확하게 파악하고 식사량을 예측할 수 있어서, 폐기되는 식품을 줄일 수 있다. 개인들에게는 본인이 남기는 음식물 양을 인지하고 이를 줄이려는 노력을 기울이는 계기가 될 수 있으며, 맞춤형 영양관리를 할 수 있는 정보가 제공된다. 이러한 잔반 측정 체계 도입이 민간 및 공공 집단 급식소에 확대될 수 있도록 지원이 필요해 보인다.

마지막으로 농식품 폐기 감축을 위해 우리 음식문화도 다시 한번 점검해볼 필요가 있다. 우리는 기본적으로 반찬을 먹는 음식문화를 가지고 있기 때문에, 잔반이 많이 남는 구조이다. 급식시설을 이용할 때 필요 이상의 음식을 담아가지는 않는지 점검하는 개인의 작은 노력이 식품 폐기 감축에 큰 도움이 될 수 있다. 이를 위해 개인의 인식 제고를 위한 식생활 교육과 지속적인 캠페인 활동이 중요하다. 유엔세계식량계획에서는 '쓰레기가 없으면 굶주림도 없다Zero waste, zero hunger'는 캠페인을 지속적으로 벌여오고 있다. 집단 급식소 및 외식 장소에 이러한 실천에 동참을 유도하는 포스터를 붙이기, 개인이 담는 음식량을 줄일 수 있도록 디자인된 용기 제공하기, 기아와 식량안보에 대한 교육 프로그램 진행하기 등의 활동을 포함한다. 국제기구뿐만 아니라 공공 영역에서도 지속적인 캠페인 활동과 교육 프로그램을 실시하여 농식품 폐기 문제에 대한 개인의 의식이 제고되고 이를 줄이기 위한 노력이 자발적으로 일어날 수 있도록 환경을 조성할 필요가 있다.

포토에세이 한국 근현대 마을 공간 변천기 6

정영신
시골장터 이야기

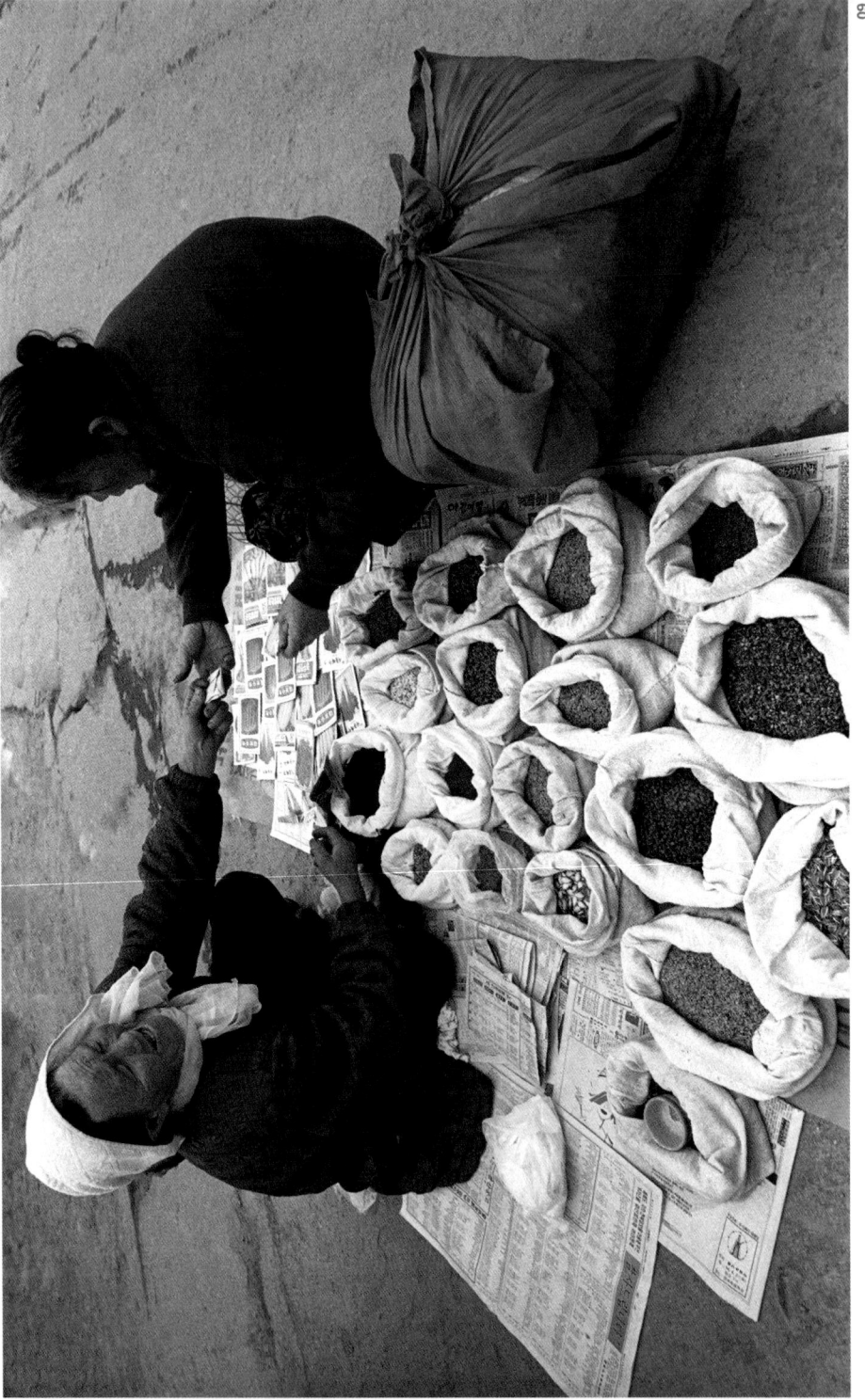

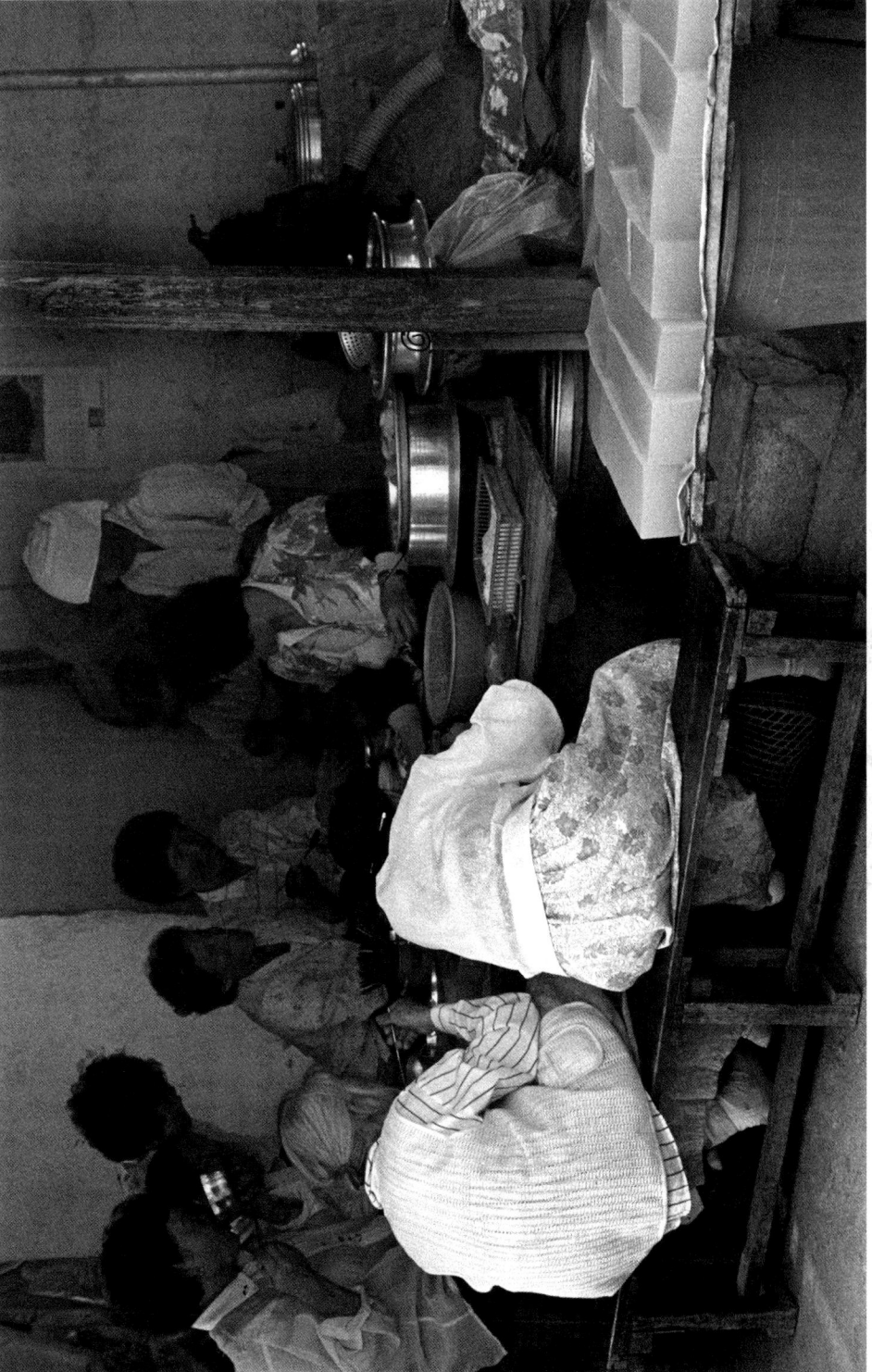

01 전북 진안장, 1988	**08** 전북 순창장, 1989
02 전남 구례장, 1988	**09** 전북 순창장, 1990
03 경기 강화장, 1987	**10** 전북 순창장, 1991
04 전남 담양장, 1987	**11** 충남 청양장, 1991
05 전남 구례장, 1988	**12** 충남 홍성장, 2011
06 전북 순창장, 1988	**13** 경기 성남 모란장, 2020
07 전북 무주장, 1990	**14** 경북 영천장, 2010

장터에 가면 어머니의 땅이 보인다

정영신
사진가, 소설가

장터에 가면 호주머니 속에 숨어있던 고향이 사람들 틈 속에서 걸어나온다. 이른 아침부터 보따리 행렬은 생활을 진열하기 위해 장터 속으로 들어온다. 농산물을 가지고 나온 사람들 모습은 비장하다. 좋은 가격에 농산물을 넘기려는 사람들 표정이 활시위처럼 팽팽하다. 작은 경제가 일어서는 모습이 장터에서 이루어지고 있다. 또한 우리 엄마들 보따리 속에는 자식들의 꿈과 희망이 숨어있다.

그들에게 땅은 보물창고다. 온갖 씨앗에 비밀을 담아 봄이 되면 보물창고에 시간을 심어 넣는다. 온갖 바람소리와 풀소리 그리고 물소리마저 비밀이 되어 땅속에서 만난다. 여름 내내 밭을 매면서 호미 끝자락에 비밀을 묻어놓아 가을이 되면 캐낸다. 드넓은 땅에 콩 등을 심어놓고 어느 밭에서 순이 제일 먼저 돋아나고, 어느 농작물에 마지막으로 해가 스며드는지 알고 있다. 장날이면 자연도 보따리에 숨어 따라온다. 이렇듯 장터는 땅이 있어 장이 서는 마당이다.

사람들이 가장 많이 모이는 곳이 장터이고, 모든 것은 장터로 통하고 있다. 그러나 자본주의 물결은 장터에서 잠시 멈춘다. 돈보다 귀한 사람의 정情이 보따리에 숨겨져 사람들은 장터로 몰린다. 손수 농사지어 갖고 나온 가지와 당근 몇 개를 길 한쪽에 펼쳐놓고 질펀하게 앉아 이마를 맞대고 이야기하는 모습을 만난다. 장에 나온 사람들을 보기 위해 앉아 있는 할머니를 네모 안으로 들여보내는 시간이다. 네모 안에 갇힌 시간은 언제든 다시 풀어놓을 수 있다. 그리고 물건을 많이 판 사람이나, 조금 판 사람이나, 고르게 떨어지는 햇살은 똑같이 따뜻하기만 하다.

텃밭에서 수확한 채소와 농로에서 잡은 미꾸라지 한 그릇을 가져온 할머니가 생산자이면서 판매자가 되는 곳이 장터다. 난전을 펼쳐놓고 장 구경을 다녀도 주인 없는 물건에 손대는 사람이 없는 곳이 장터마당이다. 집에서부터 할매의 보따리를 따라 나온 정情은 덤이 되어 사람들 마음과 보따리 속으로 들어가는 곳 또한 장터이다.

농촌이 늙어가고 있기 때문에 장터가 쇠락해져간다는 얘기를 장돌뱅이를 통해 듣는다. 유통시장이 개방되고, TV홈쇼핑과 인터넷쇼핑으로 인해 오일장이 설자리를 잃어가고 있는 현실이다. 외환위기IMF로 인한 실업자들이 장터로 몰려 장에 나오는 사람보다 난장을 펼쳐놓은 장꾼들이 더 많은 경우도 있었지만, 여전히 우리네 장터에는 삶이 살아있고, 우리가 만들어낸 시간이 살아있어 고향에 온 경험을 하게 된다.

시골장터는 지역경제의 모세혈관이다. 사람과 사람이 만나고, 지역과 지역이 이어지고, 정보와 정보가 이어져 새로운 인간관계의 소통으로 우리네 가치관과 풍속이 만들어진 곳이다. 시간과 공간이 살아있는 현장이고, 농촌사회의 문화가 생동하는 고향이다. 사람이 그리워 호박한 덩이 갖고나와 온종일 바람과 햇볕이랑 놀아도 아무도 탓하지 않는다. 허나 요즘 코로나19로 인해 사람들이 장터에 나오지 않는다.

시골장터는 정情을 나누는 공간으로 옷깃만 스쳐도 형님아우가 되어 막걸리 잔을 나누는데, 요즘은 마스크 너머로 눈인사만 주고받는다. 닷새 만에 만나 두 손을 붙들고 땅바닥에 앉아 이야기꽃을 피우던 모습도, 그 지역의 정보가 오가는 장터미용실과 방앗간도 마스크 속에서 침묵하고 있다. 오일장은 우리가 살아가는 일상을 있는 그대로 보여주는 삶의 터전이다.

　지역사람들이 생계수단으로서의 장터를 넘어, 직접 생산하는 물건에 대한 자긍심을 갖도록 환경의 변화를 주어야 장터가 살아난다. 장터의 주인은 농민이다. 농촌에서 생산되는 먹거리를 도시인들이 믿고 살 수 있는 장터가 활성화돼야 한다. 오죽하면 '장꾼들의 숨소리만 진짜'라는 말이 나돌겠는가. 땅은 모든 생명을 만들어낸다. 지역먹거리로 만들어가는 농민장터가 살아나야 시골장터가 산다. 생활문화의 꽃을 피우는 난장에서 농민들이 애지중지 기른 먹거리를 사고파는 사람들을 만나고 싶다. 이 시대 마지막 역사의 혼이 살아 있는 말하는 박물관이 시골장터가 아닐까 싶다.

벼림
농민·농업·농촌 연속좌담 7

마을을 위한 먹거리 순환 관계망

농민·농업·농촌을 둘러싼 당면 문제를 해결하기 위해 농민·주민·활동가·연구자 등이 모여 서로의 관점을 교차시키며 깊이 연속해서 토론합니다. 그동안 국가와 정책결정자들의 관점에 의해 틀지어져오던 농촌 문제의 숨겨진 세부를 재발견하고, 그 문제들을 해결할 보다 정밀하고 통합적인 사유와 자율적인 실천의 장을 준비합니다.

마을을 위한
먹거리 순환 관계망

참석 | 구자인, 금창영, 김경숙, 이보은, 정민철, 정상진, 정천섭 외 다수의 참관자
사회 | 김정섭
녹취록 | 오선재, 김세빈, 박영선
때 | 2021년 8월 12일 오후 3~5시
곳 | 충남 홍성군 홍동면 홍동밝맑도서관

김정섭 2000년대 초반 이후로 먹거리의 생산뿐 아니라 먹거리가 소비자에게 전달되는 과정에 적지 않은 변화가 있었습니다. 그런 상황에서 로컬푸드나 학교급식 시장, 도시에서의 농민시장 등 다양한 대안들이 시도되어왔습니다. 문재인 정부 들어서는 '푸드플랜'이라는 용어까지 나오고 있습니다. 이런 흐름들을 포괄하기 위해 '먹거리 순환 관계망'이라는 주제를 잡고 이 분야에 밝은 분들을 좌담에 모셨습니다. 서울에서 '농부시장 마르쉐@(이하 마르쉐로 약칭)'를 운영하시는 이보은 선생님, 농촌·도농복합시·농촌지자체에서 전체적인 먹거리 체계에 대한 정책이나 실천들을 설계하신 정천섭 선생님, 오랫동안 산지출하조직의 대표로 활동하신 정상진 선생님, 홍성군과 보령시의 학교급식센터를 만드는 일에 참여하신 김경숙 선생님, 그리고 『마을』편집위원과 참관자 여러 분이 오늘 좌담에 참석해주셨습니다. 오늘은 세 가지 질문을 축으로 이야기를 진행해보겠습니다. 첫 번째 질문은 그동안 노력

해왔던 '새로운 종류의 먹거리 순환 관계망' 내지는 '소비자와의 관계 활동을 어떤 지향을 가지고 해오셨는가'입니다. 두 번째 질문은 그동안의 활동에서 부족한 점은 어떤 것이 있다고 자평하시는지, 그 외에 먹거리 문제를 둘러싼 현재의 전체적 상황에 대해 어찌 생각하시는지입니다. 마지막으로는 우리에게 남겨진 과제가 무엇인지입니다. 정천섭 선생님부터 얘기를 해주시죠.

먹거리 운동을 둘러싼 고민들

정천섭 저는 어렸을 때 학생 운동을 하다가 노동 운동을 하게 되면서 우연치 않게 몸이 안 좋아져서 농촌으로 들어갔는데, 가보니 여러 가지 문제가 있었습니다. 학생 운동, 노동 운동 할 때 못 봤던 것들을 농촌에 와서 보면서, 어떻게 해결할 수 있을까를 고민하며 여러 가지 활동을 해봤습니다. 농민회도 해보고, 흙살림도 만들어보고, 산드림이라는 농촌경관체험 등 다양한 활동을 하는 영농조합법인도 만들었는데, 결과적으로는 이렇게 해서 해결될 일은 아니라고 생각했어요. 예를 들면 도시민들을 관광차로 불러와서 쑥 캐기도 하고 포도주 담그기도 해봤더니, 결과적으로는 이 일을 도와줬던 아주머니들한테 5만 원씩 드리고 나니까 남는 게 없었어요. 이런 일을 계속해야 하냐 하는 의문이 들었어요. 이게 해결책이 맞나 하는 의문이 들었어요. 당시 30대 초반이었는데, 결국 지자체를 바꾸지 않으면 안 되겠다, 지역을 바꾸지 않고서는 이런 시도들이 소모적일 수밖에 없겠다, 그러려면 우리와 같은 생각을 가진 사람을 지자체장으로 만들어야 하겠다고 생각했습니다. 5년 정도 준비해서 장수에서 성공했습니다. 다행히 장수 군수가 되신

분이 이런 고민이 많으셔서 저희들 예상대로 지역 실정에 맞는 사업을 진행하게 되었습니다. 그 과정에서 저희가 제안했던 게 '거버넌스 부분을 정확히 하자'는 것이었습니다. 지역 주민들이 원하는 게 무엇이고, 그걸 어떻게 정책적으로 구현할 수 있는지를 논의할 자리를 만들어야 한다고 생각했습니다. 지역에 살면서 지역에 대해 고민한 사람들이 일할 수 있는 자리를 만들어야 한다는 생각으로 전국 최초로 농촌발전기획단을 만들었습니다. 행정 내에 공무원과 지역사회를 알고 고민하는 사람들과 외부 인력 등 6명으로 농촌발전기획단을 꾸렸습니다. 공무원은 행정직 1명, 농업직 1명, 지도사 1명으로 구성했습니다. 그런 과정을 거쳐서 장수군에서 '5-3 프로젝트'를 시작했습니다. 5-3 프로젝트는 농업인의 어려움을 해결하고자 3,000 농가에 연간 5,000만 원의 소득을 창출하는 사업입니다. 그 한 가지로 순환마을조성사업을 통해 귀농귀촌자 마을인 '하늘소마을'을 만들어서, 이들이 지역사회에 기여할 수 있도록 했습니다. 그때까지만 해도 장수군은 전국에서 끝에서 두 번째로 못 살았던 지역이었습니다. 농업인들의 먹고사는 문제가 해결이 안 되면, 그다음 일을 생각하기가 어려워진다는 걸 알게 되면서, 먹고사는 문제를 해결하기 위한 전략으로 5-3 프로젝트를 기획했습니다. 3,000 농가에 5,000만 원 정도의 소득을 올려주면 지역사회 자본이 순환하면서 지역경제가 굴러갈 수 있다고 생각한 것입니다. 그런 작업들을 해오면서 제일 어려웠던 점이 칸막이 행정이었습니다. 중앙정부의 돈이 군으로 내려오면서 왜곡되는 현상들이 많았습니다. 지역에서도 그동안에 익숙했던 관행적인 이해관계가 작용하면서 점차 본래의 목적과는 다르게 진행되었습니다. 이러한 답답한 현실에 대한 해결책으로 전체적인 농업 상황을 이해하고 좀 더 공부하는 것을 우선 목표로 하자는 생각에 지역에서 나오게 되었습니다. 한 지역에서 활동하는 것보다는 밖에서 좀 더 다양한 일을 진행하는 게 옳겠다고 판단하고 컨설팅 회사를 만들고 지역의 일들을 해오고 있습니다.

그다음 얘기로 넘어가면, 저희의 큰 고민은 세상은 변하고 있는데 활동가들은 변하지 않는다는 문제입니다. 대표적인 예로 제가 처음에 농업 문제에 발을 들였을 때 굉장히 고민했던 게 '유기농업'이라는 것입니다. 우리 선배님들은 지역사회와 지구를 생각하며, 어떻게 관행농업을 환경농업으로 전환시킬 것인가를 고민하셨습니다. 그 이후에 변화된 형태가 '생활협동조합(이하 생협) 운동'이라고 볼 수 있습니다. 그 운동으로 도시민들도 유기농이라는 걸 알게 되었습니다. 그것들이 또 다른 형태로 분화되면서 '친환경 무상급식 운동'으로 전환되었던 것으로 보고 있습니다. 어쨌든 당시에 유기농업과 생협 운동, 친환경 무상급식 운동을 하셨던 분들의 노고로 여기까지 왔다고 생각합니다. 그 이후 10년 전 완주군에서 '로컬푸드 운동'을 시작하면서 갈등이 시작된 것으로 보입니다. 로컬푸드 운동이 전국적으로 확산되면서 푸드플랜으로까지 진화했습니다. 제가 컨설팅하면서 보니, 각 지역마다 가장 첨예하게 대립되는 부분이 '친환경농업'과 '지역농업'의 갈등입니다. 학교급식 문제에서도, 지역농업의 유지와 발전 측면에서도, 지역의 농업관을 어떻게 재편할 것인가라는 부분에서도 계속 대립됩니다. 먹거리와 지역이 결합하는 것이 기후변화, 코로나19, 양극화라는 여러 문제를 해결해갈 유용한 방법이라고 생각됩니다. 변화된 상황에 대해 지역 활동가들이 함께 고민하고 협력할 수 있으면 좋겠습니다. 작년 겨울에 완주군의 도움을 받아서 '전국푸드플랜실천학교'를 만들었습니다. 전국에서 먹거리 문제를 고민하는 사람들이 모여서 같이 얘기하자는 취지였습니다. 지금까지 약 120명 정도가 참여했고, 50%가 공무원이고 나머지가 지역활동가 아니면 먹거리에 대해 고민하는 사람들입니다. '지역에서 가장 필요로 하는 것들을 가로막고 있는 게 무엇인가?'라고 했을 때, 때로는 행정이 때로는 활동가들이 때로는 지역의 정치인들이 그 대상이 되기도 합니다. 그런 어려움들을 개선하기 위해서, '어떻게 진정한 의미의 거버넌스를 할 수 있는가?' 하는 문제를 많은 고민 속에서 풀어가고 있습니다. 거기서도 핵심 문제는, 지역에서 어떤 단계를 거쳐서 이 문제를 풀어갈 수 있느냐는 것입니다. 또 지금 먹거리 문제를 주도하고 있는 세력이 누구냐에 따라서 지역의 판도가 전혀 다른 양상으로 나타나는 점을 어떻게 개선하고 해결할 수 있냐가 중요한 문제였습니다. 로컬푸드와 푸드플랜은 돈 잘 벌던 사람들이나 기존의 유통망을 가진 사람들이 아니라, 그동안 정책적 소외를 당했던 가족소농이나 고령농, 여성농, 영세농, 귀농귀촌자들을 위한 영역에서 시작했습니다. 그런데 실제로는 다시 대농들이 그 이득을 차지하는 상황이 되고 있습니다. 대표적으로 ○○군, △△시, □□시 같은 지역조차도 로컬푸드 직매장이나 학교급식에 공급하는 농가 중 20% 내외가 전체 매출의 70~80%를 가져가는 상황으로 전개되고 있는 실정입니다. 실천학교에서 이런 이야기를 하는 이유는, 철학이 없는 사람이나 로컬푸드와 푸드플랜에 대한 이해가 없는 사람들이나 친환경농업에 집착하는 일부 대농이 주체가 되었을 때 이런 문제는 계속 벌어질 것이기 때문입니다. △△시에서 학교급식을 잘하고 있다고 해서 가봤더니 조합공동사업법인에서 하고 있더라구요. 그런데 불과 몇 농가만 데리고 하더군요. 나머지는 농협물류나 밴더(농가들로부터 농산물을 수집하여 공급처에 조달하는 유통상)들을 통해서 공급하고 있었어요. □□시 같은 경우도 800개 농가가 참여 자격이 있는데, 그 중에 200여 명도 안 되는 사람들이 전체 매출의 70~80%를 가져가고 있을 정도로 굉장히 왜곡된 형태로 나타내고 있습니다.

유기농업에서 생협 운동으로, 생협 운동에서 친환경 무상급식 운동으로, 로컬푸드에서 푸드플랜으로 변화되어온 상황들을 인정하지 않는 사람들이 많이 있어서 지역마다 갈등이 생긴다고 봅니다. 먹거리 운동을 했던 진영에서 고민하던 부분들이 다양한 상황 변화에 따라 생협의 매출 상승과 조직 확대를 초래하면서 결국에는 기존 유통 방식과 다르지 않은 상황에까지 이르렀습니다. '이런 일들이 왜 일어날까'를 생각해보면, '기본적인 정책목표, 철학적 관점의 부재'라고 봅니다. 끊임없이 자기 이해관계에서 자기 이익을 창출하기 위한 수단으로 로컬푸드와 푸드플랜으로 가고 있는 게 큰 것 같습니다. 그리고 중심을 잡아줄 수 있는 실행 주체가 미약합니다. 전국푸드플랜실천학교를 만든 이유 중 하나도 그런 철학이 있고 중간 역할을 할 수 있는 사람들을 길러내기 위해서입니다. 전국에서 그런 고민을 하는 사람들이 같은 생각과 고민을 하도록 만들어주지 않으면 변질된 형태의 먹거리 운동들이 계속 진행될 것입니다. 대표적인 예로 친환경 농가 수는 줄고 있는데 면적은 늘고 있습니다. 이건 대농이 늘고 단작화된다는 뜻입니다. 유기농업이 먹거리 공급보다는 자기 이익을 위한 수단으로 변질된다면, '우리가 애초에 고민했던 먹거리 운동이 과연 이런 것이었을까?' 답답한 생각이 듭니다. 이러한 문제를 풀기 위해서는 먹거리 운동이 변질되어가는 현 상황을 직시하는 것에서 시작해야 한다고 봅니다.

김정섭 먹거리 시장에 진입하지 못하지만, 농가의 절대다수를 차지하고 있는 가족소농들이 진입할 수 있는 '관계시장'을 어떻게 만들고 유지할 것이냐가 정천섭 선생님께서 지향하신 철학 중 첫 번째에 있는 것 같습니다. 이번엔 이보은 선생님께서 마르쉐를 왜 시작하셨는지 소개해주세요.

이보은 2012년에 처음 마르쉐를 열었습니다. 2011년부터 준비했고 시장을 연 지는 올해로 9년째입니다. 마르쉐를 시작한 계기는 여러 가지입니다만 개인적인 이유가 중요했습니다. '내가 여성으로서 어떻게 살 것인가?', '저성장시대 우리 아이들은 뭘 먹고 살지?'가 가장 큰 고민이었습니다. 그래서 지역사회에서 여성들이 지속가능하게 할 수 있는 걸 해보자는 생각으로 청년들과 함께할 수 있는 서울 문래동 홍대 주변 지역에서 옥상텃밭을 시작했습니다. 저는 생협 활동을 7~8년 했었는데, 직접 농사를 지어보니 정말 달랐습니다. 이 경험을 사람들에게 제대로 나누고 싶다, 텃밭에서 기른 먹거리를 함께 먹고 싶다고 생각했습니다. 그래서 '시장'을 생각했습니다. 철저히 도시 소비자 입장에서 시작했습니다. 시장을 하다보니 우리 안에서 생겨난 관계의 질이 굉장히 좋은 경험이 되었습니다. 농민이 요리사와 만나면서 배우는 게 있고, 요리사가 농민을 만나면서 성장하고, 소비자가 생산자 농민을 만나고, 농민이 소비자를 만나면서 폭발적 경험을 했습니다.

첫 번째는 우리가 다 먹고사는 존재구나, 우리가 먹는 것을 통해 연결되어 있다는 것을 확인했습니다. 농산물을 상품으로 먹는 것이 아니라 농사의 결과물로 먹는 것이라고 생각했습니다. 그 농산물이 그냥 우리 식탁으로 오는 것이 아니라 농민의 삶을 통해 우리에게 오는 순간 작물과 함께 문화적 가치나 다른 경험들도 온다는 거죠. 그게 시장이 좋아서 왔던 사람들에게는 굉장히 새로운 경험이 되었던 것입니다. 저희는 그때 '시장은 학교다'라는 생각을 했어요. 2012년에 처음 시장을 열었을 때는 농민·요리사·수공예가가 모인 게 아니라 농민이 되고 싶은 사람, 요리사가 되고 싶은 사람, 수공예가가 되고 싶은 사람들이 모였어요. 2년 뒤인 2014년 8월 달에 출점자 전체 여름모임을 하면서 우리들의 관계 중심에 농민이 있다, 농사짓는 삶이 있다는 것을 확인했습니다. 그렇다면 우리 시장은 농민시장이어야 한다고 시장의 정체성을 재구성했어요. 그래서 '대화하는 농부시장'이라고 스스로 부르기 시작했습니다.

　마르쉐는 농민시장과 채소시장이라는 두 가지 큰 주제로 열립니다. 농민시장은 한 달에 한 번씩 테마를 정해서 진행합니다. 3월에는 씨앗장, 4월에는 풀장, 5월에는 지구를 테마로, 7~8월에는 밀을 주제로 햇밀장, 11월에는 토종장이 열립니다. 채소시장은 2019년부터 일상의 공간 곳곳에서 시장을 열고 있습니다. 일상의 장보기를 경험하는 시장으로, 도시 곳곳에서 작은 시장을 열어가자는 생각으로 시작했습니다. 채소시장에는 농민팀이 주로 출점을 합니다. 저희가 계속 시장을 열다 보니까 농민들의 생산력도 일정하게 올라오더라구요. 그러면서 농민들이 키울 수 있는 게 많아지다보니 다품종 소량생산을 하는 농민들이 많아졌어요. 작년에 기후위기를 심각하게 겪었잖아요. 농민 출점팀 중에 가장 생산력이 좋았던, 작년에 가장 농사를 잘 지었던 팀들을 보니 가장 생태적으로 농사짓는 팀이었습니다. 그분들의 방식이 현재 존재하는 유기농의 대안일 수 있지 않을까 하는 생각이 들었습니다. 생태적 방식으로 농사짓는 그런 농법·이야기 등이 잘 보여질 수 있는 시장을 하자 해서 '지구농부시장'을 올해 처음 시작했습니다. 마르쉐는 기획자가 있는 시장이잖아요. 나름대로 저희 시장 특징이었거든요. 도시와 농촌의 간극을 연결하는 일을 자신의 업으로 만들어가는 젊은 기획자들이 존재한다는 것이 저희 시장의 다른 점이라고 생각해왔습니다. 그런데 작년에 코로나19로 시장을 열지 못하면서 품은 더 많이 들고 운영은 참 어려운 시간들이 길어지는 상황입니다.

　제가 요즘 고민하는 것은 크게 세 가지인데요. 첫 번째는 2017년에 비영리 사단법인을 만들었거든요. 그런데 비영리 활동으로 시장이 지속가능한가에 대해 고민하고 있습니다. 어떻게 생각하면 비겁하다는 생각도 하게 되더라구요. 오히려 자영업이나 개인 사업으로 생각하고 뛰어드는 사람들은 자기 사업에 대한 책임감이 높잖아요. 저희는 이 시장을 개인의 사업으로는 진행할 수 없다고 생각해서 비영리의 성격으로 진행하고 있는데, 한계가 분명하다고 생각하게 되었습니다. 이 비영리 방식으로는 여기에서 일하는 사람들을 성장시키고 지속가능하게 하기 어렵다는 점이 고민이 됩니다. 조금 더 자유롭고, 조금 더 개인이 책임질 수 있는, 범위가 명확한 일들을 해야 했던 게 아닌가 하고 생각합니다. 저희가 비영리로 해야만 했던 이유는, 도시에서 시장을 열 때 따를 수 있는 법령이 없었기에 뭔가 사회적 합의를 만들어갈 필요가 있어서였어요. 예를 들어 공원에서 시장을 열면 공원법으로 불법이잖아요. 농민시장이라는 게 없던 거고 이걸 담을 수 있는 법적인 기반이 없는 거예요. 저는 몇 번 기대를 가졌어요. 로컬푸드나 지역 농산물과 관련된 지원 법안이 만들어질 때 지역의 농산물을 판매하는 시장을 만드는 합법적 근거가 마련될 수 있을 거라고 기대했는데, 전혀 그렇지 않더라구요. 그나마 박원순 전 서울시장 재임 때 여러 형태의 시장들이 생겨나면서 '서울특별시 시민시장 활성화에 관한 조례'를 만들어서 사회적·공익적인 것을 추구하는 시장들에 대해서는 장소를 제공할 수 있고, 자치단체에서 보조금을 줄 수 있다는 근거를 만들었어요. 근데 실제로 행정 공무원들이 거기에 동의하지는 않았던 것 같아요. 저희 같은 경우에는 운이 좋았어요. 마로니에공원이 공사 중일 때 공원 안에 있는 아르코미술관이 저희를 불렀어요. 우리 미술관 앞에 공간이 있다고 제안을 주셨어요. 그 공간에서 1~2년 정도 업력을 쌓아서 지역 주민들의 지지를 얻었습니다. 그 상태에서 서울시하고 협의할 수 있었거든요. 근데 코로나19를 겪으니까 정말 저희가 얼마나 어려운 여건에 있는지 알겠더라구요. 사회적 거리두기 단계가 높아도 백화점, 대형마트, 박람회, 콘서트 등은 모두 운영할 수 있잖아요. 근데 마르쉐는 집회나 행사로 분류되는 거예요. 서울시가 저희한테 준 가이드에 의하면 저희는 시장을 열 수 없는 거예요. 법적인 토대가 없다보니 시민 거버넌스나 행정과의 파트너십이 중요했어요. 이런저런 것들을 고려해 사단법인을 만들어서 공공성에 대한 내부적 감시기구도 만들어서 운영했습니다. 그러다보니 이 일이 무거워진 거예요. 저는 시장은 자유로운 공간이라고 생각해요. 시장이 재밌는 거는, 자신의 창의성을 가지고 자신의 삶의 공간에서 지은 것들을 갖고 나와서 자유롭게 공유하기 때문이라고 생각합니다. 그런데 이런 제도적 난관들을 다 헤쳐나가면서 하다보니까 너무 무겁고 불확실성도 커진다는 생각이 들었습니다. 그래서 저한테는 이 비영리와, 비영리를 둘러싼 사회적인 것들의 무거움을 어떻게 벗어날 것인가가 하나의 과제입니다.

또 하나는, 마르쉐 농민만큼 일을 열심히 하는 사람들이 없어요. 정말 작은 땅덩어리에서 다품종 소량생산을 하면서 쉬지 않고 작물을 길러내잖아요. 그런데 이런 농민들의 건강이나 생활 형편 등이 받쳐주지 않으면 마르쉐를 언제까지 할 수 있을까에 대한 두려움이 생기더라구요. 실제로 많은 농민들이 보조금에 의지하잖아요. 그런데 자연에 가까운 농사를 지을수록 보조금과 인연이 없더라구요. 저희가 지구농부 이야기하면서 경운을 어떻게 최소화할 것인가, 어떻게 하면 윤작·간작·혼작할 수 있을까를 고민하는데, 사실 이건 규모가 작아질수록 가능하잖아요. 그러다보니까 점점 더 생산물이 없어지는 농민도 생기는 거예요. 실력이 늘면서 생산물이 늘어가는 농민들이 있는가 하면, 존재 자체로는 너무 유익하지만 자급형으로 가는 농민들도 생기더라구요. 기쁜 거는 마르쉐를 통해서 농사를 짓겠다는 젊은 친구들이 생기고, 제철 채소를 맛보면서 농업에 대한 다른 경험들을 하는 사람들이 늘어난다는 것입니다. 또 사회적인 영역은 아니지만 그걸 통해서 삶은 변하고 있는 것 같아요. 다른 삶을 살아보겠다고 전환하는 사람들도 실제로 늘어나고 있습니다.

김정섭 정상진 선생님도 거의 활동 시기가 비슷한데 말씀해주세요.

정상진 지역에서 28년째 다양한 품목들을 친환경으로 농사짓고 있습니다. 저 역시도 농사를 지으면서 농민회는 필수 코스이기 때문에 몇 년을 했습니다. 하다보니 농업·농촌을 살리기 위해서 하는 건데, 이러다 다들 굶어죽게 생겼어요. 이른바 '아스팔트농사'(직접 농사짓지 않고 전화로 지시하면, 다른 사람들이 대신 짓는 농사) 중심은 안 된다고 생각했습니다. 1990년대 중반쯤에 농민회를 같이 했고 지역에서 유기농업 하시면서 풀무생협과 직거래하시던 형님들을 모시고 풀무생협에서 9년 정도 생산 활동을 열심히 했습니다. 그러다가 2005년에 풀무생협이 중요한 정책적 결정을 하면서 저는 나오게 되었습니다. 당시에 풀무생협은 작든 크든 수도권에서 친환경 내지는 생협을 한다는 모든 곳에 농산물을 공급해주고 있었습니다. 또 지역의 다양한 소농들이 생산자로 참여했습니다. 그러던 중에 풀무생협이 아이쿱에 올인하는 정책을 채택했습니다. 친환경농업도 경쟁력 위주로 배치하겠다는 전략적 판단을 했습니다. 그 정책에 동의를 못 하는 몇 명이 나와서 장곡면에 홍성유기농영농조합(이하 '홍유'로 약칭)을 만들었습니다. 그러면서 작년까지 15년간 대표로 장기집권을 하게 됐구요. 홍성군은 그나마 친환경농업하는 농민들이 조직화되어 있어요. 처음 홍유를 시작할 때에는 농산물을 팔 곳이 없었어요. 그때 수원의 바른생협 등에 소규모로 납품하면서 시작했습니다. 저희는 팔 데가 없다보니까 다품종 소량생산을 하시는 농민들이 다양하게 참여하는 형태였습니다. 항상 판로의 문제가 걸렸습니다. 그런다가 2010년부터 친환경 학교급식 바람이 불면서 홍성에도 학교급식지원센터를 만들었습니다. 3년을 준비해서 2014년에 만들었습니다. 그걸 계기로 홍유도 새로운 국면을 맞이했습니다. 확실히 납품할 수 있는 곳이 생겨서 버틸 수 있는 계기가 되었습니다. 처음에는 생산자(생산조직, 1인 농가, 2인 이상 농가 포함) 20명으로 시작했는데, 작년 기준으로 100여 명의 생산자가 함께하고 있습니다. 또 가입문턱이 굉장히 낮고, 1인 1표의 협동조합적 의사결정 방식으로 운영됩니다.

저희가 고민했던 게 친환경 농산물의 판매와 유통 확대는 학교급식이나 생협만으로는 해결할 수가 없다는 것입니다. 그래서 충남에서 광역단위의 충남친환경농업인연합회(충남친농연)를 만들었습니다. 친환경 농가들이 출자를 해서 광역사업단을 만들었습니다. 광역 안의 연결을 통한 전문 관계망까지 만들어보자 해서, 실제 충남사업단이 경기·서울의 학교에 납품하는 급식업체로 지정되었습니다. 최근 푸드플랜의 주요한 부분이 먹거리통합지원센터와 먹거리위원회를 만드는 것이잖아요. 작년에 지역발전투자협약으로 먹거리통합지원센터·가공센터·비지니스센터를 만들겠다는 사업이 선정 되어서 183억이 홍성군에 내려왔습니다. 민간과 행정의 주체들이 이 사업을 어떻게 효율적으로 진행할지를 논의해야 하는데 전혀 되지를 않습니다. 담당자들 만나서 계속 얘기해도 씨알도 안 먹히는 상태입니다. 그리고 부서간 칸막이도 문제가 됩니다. 이 일이 농업정책과의 일인데 푸드플랜과가 생긴 겁니다. 그런데 푸드플랜과는 실제로 맡은 일이 없다보니까 아무 일도 안 하고 있습니다. 하도 답답해서 올해 홍성먹거리연대준비위원회를 꾸렸어요. 민간과 지방의회하고 같이 행정을 압박해서 일을 만들어보자고 시작했습니다. 먹거리 문제가 예전에는 개인의 문제였다면, 이제는 학교급식을 기점으로 보편화되었고, 이후에는 기본권으로 다뤄지고 있습니다. 그래서 모든 사람들이 세 끼 중에 한 끼는 제대로 된 먹거리를 먹어야 하므로, 국가와 사회에서 책임지고 나서야 한다는 큰 흐름들이 생기고 있습니다. 어떤 대선 후보처럼 돈이 없는 사람에게 '불량식품 먹어라'가 아니라 '한 끼라도 제대로 된 걸 먹이자'는 흐름으로 가고 있습니다. 그런 흐름에서 학교급식과 산모꾸러미도 친환경으로 하고 있습니다. 군대급식도 친환경 쌀을 비축해서 하고요. 어쨌든 안전하고 안심할 수 있는 농산물들을 다양한 국민들에게 공급해주는 체계를 국가가 정책적으로 추진하고 있는 상황이라고 판단됩니다.

저는 친환경농업을 해왔지만 친환경인증이 중요하기보다는 농업 전체가 농약 사용량을 줄이고, 환경을 좀 더 건강하게 만드는 가치들이 중요하다고 보거든요. 오히려 지역이나 농협, 기술센터 등 이미 조직화된 사람들의 농업 방식을 어떻게 좀 더 생태적으로 바꾸는 노력이 같이 진행되어야 하는데, 그런 부분이 부족한 것 같아요. 농업의 중요한 가치나 노력들이 힘을 발현하려면 농업을 지켜보는 국민들의 시선이 바뀌어야 한다고 생각합니다. 어쨌든 농민들의 수가 3%밖에 안 되니까, 97%의 국민들의 지지를 받을 수 있는 농업으로 어떻게 바뀌어야 할 것이냐를 고민해야 한다고 생각합니다. 또 하나 고민은 진짜 선거 잘 해야겠다는 겁니다. 작년에 코로나19로 학교들이 개학을 연기하면서 학교급식에 문제가 있었거든요. 그래서 학교급식에 가야 하는 농산물들을 꾸러미 방식으로 만들어서 학생들 가정으로 보냈어요. 전국에 남아돌던 농산물들이 서울이나 경기도에 있는 가정에 택배로 가면서 쫙 빠져줬거든요. 근데 서울시 시장이 바뀌니까 꾸러미 대신에 편의점 쿠폰으로 준다고 했잖아요. 사실 그런 방식이 실제 농가들에는 전혀 도움이 안 되는 거죠.

유통을 잘하기 위한 생산자 조직화의 한계

김정섭 제가 임의로 몇 가지 논점을 고르겠습니다. 정천섭, 이보은 선생님 말씀 중에 동일하게 '관계'라는 단어를 쓰셨습니다. 정천섭 선생님 그룹에서는 예전부터 관계시장이라는 말을 쓰셨고. 이보은 선생님도 마르쉐를 기획·운영하면서 소비자들이 농민들을 만나게 되면서 그 관계 속에서 폭발적인 경험을 했다고 하셨습니다. 또 마르쉐는 일종의 학교 같다고도 표현하셨습니다. 도시 소비자 입장에서 농민들을 만나면서 몰랐던 것을 많이 배우게 되고, 학교라는 곳이 기본적으로 의사소통하는 장소기 때문에 그런 관계들이 생긴다고 하셨습니다.

초기에 완주군에서 로컬푸드 운동을 시작할 때, 관계에 기반한 시장을 만들자며 시작했습니다. 보이지 않는 손에 의해 작동하는 것이 아니라 먹거리를 생산하는 농민이나 소비하는 시민들이 어떤 식으로든지 거래 관계에 머물지 않는 방식으로 만들자며 시작했었죠. 이보은 선생님은 하나의 농산물이 여러 가지 경험들을 불러온다고 하셨는데, 그런 것들이 있는 시장을 '관계시장'이라고 말할 수 있을 것 같습니다. 저는 주요 생협들이 중앙 물류기지를 만들고 대형화 전략으로 가기 이전에는 지향점도 다르지 않았다고 보거든요. 그런데 대형화로 가면서 놓친 부분이 크고, 그것이 결정적이라고 생각합니다. 대형화로 가면서, 가족소농들은 농산물 시장에 대등한 경쟁력을 가지고 진입을 못한다는 논리가 생겼습니다. 대기업들이 주도하는 유통 체계에는, 조직화된 산지조직이 있지 않고서는 일반적인 가족소농들이 진입을 못 합니다. 재래시장도 자연스러운 시장이라기보다는 거의 상설이나 마찬가지인 상인들이 입점해 있는 경우가 많아졌습니다. 그런 상황에서 가족소농이 시장 진입에 경쟁력 갖지 못하게 되면서 농산물 판매가 어려워졌고, 생계가 힘들어진 거죠. 그걸 보완해줄 수 있는 것은 소비자와 사회적 관계에 기반한 시장이어야 된다는 것입니다. 그래서 익숙하지 않은 방식이지만, 소비자들이 농민들과 교류하면서 재미도 얻고 먹거리도 구하는 시장이 가족소농에게는 중요한 것이죠.

 제가 궁금한 것은 첫째, '관계의 본질, 관계의 내용이 무엇인가?'입니다. 뜻밖에도 대형마트에 가면 농산물이 별로 없지만, 구입하기에는 편하죠. 그래서 마르쉐·로컬푸드 매장이나 언니네텃밭 같은 꾸러미에 접근하는 소비자들이 생기고 있습니다. 이 부분이, 소비자들은 생산자들하고 생기는 관계에서 무엇을 얻기 때문에 거기에 오는 것인가라는 질문에 대해 설명되어야 하는 지점인 것 같습니다. 이런 관계시장은 연약하기 때문에 정책으로 보호해야 할 텐데, 국가 수준에서 그걸 보호해주는 아주 강력한 정책은 없는 것 같구요. 「지역농산물 이용촉진 등 농산물 직거래 활성화에 관한 법률(농산물직거래법)」은 있는데, 지자체 수준에서 실질적 정책지원이 필요하다고 봅니다. 그래서 나온 게 푸드플랜 개념입니다. 지자체 수준에서 관계시장을 보호하려는 기획을 했으나 잘 안 되는 문제가 있습니다. 이유가 무엇인지가 둘째 질문입니다. 얘기를 해봐야 할 것 같습니다. 셋째는, 정상진 선생님께서 초기에 풀무생협은 지역의 농민들이 주도했었고, 후에 아이쿱하고 결합했다고 말씀하셨습니다. 그 무렵에 아이쿱생협이 대형화했고, 일반적인 대형유통 기업들과 경쟁력을 갖추려면 생협도 대형화하고 집중해야 한다는 의견에 동의하지 못해서 홍유를 다시 장곡에서 구성하셨잖아요. 그런데 그 사이에 홍유도 규모가 커졌단 말이에요. 홍유도 확장되다보니까 취급 농산물도 많아지고 조합원들도 늘었잖아요. 이 물량을 처리하려면 광역단위 유통조직에 들어가서 판로를 모색해야 하는데, 이 방식이 예전 풀무생협이 했던 것의 되풀이는 아닌가? 거기서 가족소농의 위치나 판로가 확보된다면 그래도 낫겠지만 관계의 문제는 어떻게 되는 것인가? 생산자와 소비자의 문제는 어떻게 된 것인가? 이런 비판적 질문을 할 수 있거든요.

먼저 광역사업단이 연합사업단으로 조직화되는 것이 과연 생산자와 소비자의 관계나 농민의 주도성 또는 산지출하조직의 지역 기반이라는 관점에서 어떻게 볼 수 있는 것인지에 대해서 정민철 선생님께서 말씀해주세요.

정민철 흐름을 보면 기본적으로 '생산자 조직화 문제'가 아닌가 하는 생각이 듭니다. 유기농업에 대해 긍정적이었던 이유는 유기농업이 조직화를 위한 아주 중요한 논점을 만들어냈기 때문이라고 봅니다. 그런데 지금은 생산자들을 조직화하는 논점이 '유통'이라는 것으로 전환되었다고 봅니다. 초기에 유기농업 생산자들은 '유통을 잘해보자'고 조직화된 게 아니라 '생산을 잘해보자'라는 측면에서 조직화되었습니다. 2000년 초중반 이후 이른바 친환경 시장이 열리면서 나타나는 현상은, 유통을 하기 위해서 생산자를 모으는 구조로 재편된 것입니다. 그러면서 유통에 따라서 생산자들이 흩어졌다가 붙었다가 하는 방식으로 가버린 거죠. 생산이라는 것조차도 시장의 흐름을 따라갈 수밖에 없는 식으로 가버리는 것이 아닌가? 하는 생각이 듭니다. 저는 현장에 있으면서 생산자끼리 어떻게 연결할 것인지를 고민하거든요. 예전에는 생산성을 높이자고 하면 모였는데, 지금은 오로지 농산물 팔아주는 쪽으로만 모입니다. 어느 쪽이 더 단가를 많이 챙겨주는가에 따라서 갈라집니다. 실제로는 로컬푸드 매대에 가도 몇 명의 생산자들이 다 물건을 내고 있는 상황입니다. 우선적으로 농민들 간의 관계를 구축할 수 있는 아무런 매개가 없는 상태에서 유통으로 묶이는 순간 경제적 논리가 작동한다고 봅니다. 이렇게 되어버리면 그 후부터는 주체나 철학 이전에 기본적 구조 자체가 바뀐다고 봅니다.

독일 농민의 평균 경작 면적이 60ha라고 합니다. 그 중에 50ha가 넘는 사람은 5% 정도밖에 안 된다는 거죠. 5ha 이하가 50%라는 겁니다. 평균으로 잡으니까 그런 거지 실제로는 소규모 농가가 대부분이라고 봅니다. 우리나라도 그런 식으로 재편되는 과정이라는 생각이 듭니다. 거기서 50%를 차지하는 생산자들을 살린다고 하면 그분들에 대한 대책도 필요하지만, 그 이전에 어떻게 관계망을 먼저 만들어낼 것인지를 고민해야 한다고 생각합니다. 광역이라는 부분은 철저하게 경제적 필요에 의한 조직입니다. 생산자 조직은 시군 단위로 되어있다는 가정 하에서 유통하자는 조직인 것이죠. 여전히 그 부분은 저도 고민하고 있습니다. '생산자 조직화 부분을 어떻게 할 것인가?'가 핵심이 아닌가 하구요. 최근에 이 지역에서 나타나는 독특한 현상은 개인 유통이 늘어난 것입니다. 개인 유통이 늘어나고 그 개인에 붙는 생산자들이 나타나고 있습니다. 개인 유통이 영농조합법인보다 더 조직력이 나아지고 있는 현상들이 나타나고 있다고 보거든요. 제가 조직화를 하자는 건, 규모를 만들자는 건 아니고 관계를 어떻게 만들어낼 것인가라는 문제에 대한 한 가지 방안일 수도 있겠다고 생각하기 때문입니다. 그런 차원에서 '조직화의 범위가 뭐냐?'고 했을 때, 저는 시군 단위도 크다고 생각합니다. 근데 리 단위는 너무 작고 어렵습니다. 면 단위 정도에서 생산자 관계망을 어떻게 만들 것인가가 핵심이지 않을까합니다.

김정섭 생산자 농민과 소비자의 관계도 중요하지만, 그 전에 농민들끼리의 관계는 있느냐 하는 문제인 것 같습니다. 보통 관계라고 하면 생산자 집단과 소비자 집단의 관계로 보는데, 생산자들이 어떤 식으로 묶이느냐가 중요하다고 보신 거죠. 시장의 논리에 따라서 묶인 생산자 조직이 소비자들과의 사회적 관계를 형성할 수 있는가? 어렵지 않겠느냐? 생산자끼리의 관계, 소비자와 생산자의 관계가 '유통'이 아닌 다른 주제와 형태로 형성되어야 하는데 잘 모르겠다는 거잖아요.

정민철 저는 완주군 로컬푸드가 다른 데에 비해서 성공했던 이유도 초기에 생산자 조직화라는 부분에 엄청난 에너지를 들였기 때문이라고 봅니다. '농산물을 다 팔아줄게' 이런 구조가 아니고, 예를 들면 '최소한 한 달에 30만 원이라도 가져갈 수 있게 어떻게 해보자'는 과정에서 생산자 관계망을 만들었던 게 성공 사례가 되었던 게 아닌가라고 생각합니다. 그런데 이게 '지금 현실에서 가능한가?'라는 의심은 들어요. 완주가 처음 시작했을 때보다 생산자들의 고령화율이 엄청 올라간 상태이고, 앞으로 어떻게 해야 가능한지 고민이 되는 게 사실이죠.

김정섭 이보은 선생님, 마르쉐를 통해 생산자들하고 만나면서 여러 가지 경험이 많았을 텐데, 인상적인 경험이 있다면 얘기해주시죠.

이보은 홍성에 가서 젊은 친구들한테 물으면 홍성유기농영농조합을 아무도 몰라요. 논밭상점하고 채소생활만 알아요. 그들은 자신의 의사결정에 따라 생산과 소비 전 과정을 온전하게 책임진다는 점이 다르다고 생각합니다. 소비자들에게 먹거리만 주는 게 아니라 SNS를 통해서든지 뭐든지 간에 직접적으로 소통하면서 온전한 관계를 맺는 그 친구들이 힘이 있다고 생각합니다. 그런 친구들을 보면서 나도 농사를 지어야지 생각하는 친구들도 있거든요. 근데 지금 그들을 담을 그릇이 어디에 있는가? 이런 걸 묻고 싶더라구요.

어떤 관계를 만들 것인가?

정천섭 제가 전라북도 푸드플랜을 수립하는 과정에서 가장 많이 이견이 있었던 부분이 지역 활동가였어요. 광역먹거리통합지원센터를 만들면서 거기에 물류를 집어넣자는 거예요. 저는 '안 된다. 물류는 광역에서 할 일이 아니다. 시군끼리 직접 교류하게 해야지'라고 주장했습니다. 광역에서 물류까지 담당하게 되면 지역 가족소농의 참여가 어려워지고 수수료가 추가되고, 푸드 마일리지가 늘어나고, 품질은 떨어질 수밖에 없다는 게 제 입장이었습니다. 생협 매장에 가보면 농산물이 별로 없잖아요. 그 이유가 뭐냐는 거예요. 결국 광역물류는 하지 않기로 했는데, 지속적으로 갈등할 수 있는 소지가 있어 보입니다. 단작화나 대농으로 변화된 친환경 농가의 입장에서 보면 지역시장만으로는 부족하기 때문입니다. 또 하나는 얼마 전 전라북도에서 기후위기와 농업에 관한 토론을 했는데, 거기서 한 연구원이 우리나라의 농업 부분에서 탄소배출을 가장 많이 하는 영역은 푸드 마일리지라고 발표하는 이야기를 들었습니다. 농산물을 외국이나 타 지역에서 수입해오는 게 50% 가까이 되고, 나머지가 논농사·축산·화학비료·농약 등이라고 합니다. 우리가 기후위기 얘기하면서 농업 부분에서 탄소 배출이 가장 많은 글로벌푸드를 하지 말고, 로컬푸드와 푸드플랜을 하자는 거잖아요. 그런데 실제로 농협에 가면 수입산 바나나를 팔고 있는 이해되지 않는 현실이 벌어지고 있지요.

저는 말씀하신 생산자 조직과 관련해서 100% 푸드플랜과 로컬푸드, 먹거리 체계처럼 하나의 주제로 가야 한다는 건 아니라고 생각합니다. 마르쉐가 전체 도시민의 욕망을 만족시킬 수 없는 것처럼 말이죠. 단계적 푸드플랜의 실천은 '예측 가능한 관계시장'입니다. 예측 가능한 관계시장이라는 부분을 경제 논리로 보지 말고, 관계망이나 공동체 개념에서 바라보면 어떨까 합니다. 아까 말씀하신 읍면 단위 관계망을 만들어가는 것이 가장 적합하다고 보입니다. 저희들도 완주에서 읍면 먹거리 관계망에 대한 부분을 구체화시키고 있고, 그 부분을 돌봄 문제와 연결시켜서 하는 작업을 시행 중입니다. 먹거리를 통해 사회적 관계를 확보하는 작업인 거죠. 먹거리를 매개로 음식물을 제공하는 것뿐만 아니라 다각화된 공동체적 관계망들을 만들어낼 수 있다는 거죠. 그 부분에서 보면 친환경농업에서 유통 중심 경향이 다양하게 나타나고 있는데, 이 문제를 해결하는 데 가장 필요한 부분이 공동체적 예측 가능한 관계시장을 확보하는 것이라고 봅니다. 푸드플랜·로컬푸드도 왜 그걸 하게 됐는가라는 개념에서 보면 방법은 뻔하게 나와 있잖아요. 경제논리로 인해서 이익 창출이 중심이 되다보니까 흔히 광역물류를 하자는 것이라고 봅니다. 단작화되고 대규모로 농사짓는 농가들이 생겨나니까, 그 농산물들을 팔아야 하고, 그러니까 광역하자고 주장하는 거죠.

단적인 예로 제가 □□시의 푸드플랜을 하고 있어서 여주의 친환경 농가들과 간담회를 했거든요. 거기서 □□시에 먹거리통합지원센터 만들자고 합의를 했습니다. 시유지가 있으니 거기에 만들자고 했는데, 학교급식의 일부를 공급하는 조직에서는 반대하는 거예요. 광역을 만들었고, 친환경농업을 하고 있다는 자긍심이 있는 거죠. 이거를 전체로 묶어버리면 역량이나 그동안 추진해온 내용으로 볼 때 자신들이 주도하지 못할 수도 있다는 점이 불안한 거죠. 정말 중요한 거는 '어떻게 지역의 먹거리 관계망을 올바르게 만들 것인가'인데, 개별 조직 중심으로 생각한다는 거예요. 저는 우리나라 전체 농업이 친환경농업으로 가야 한다고 생각하는 사람인데, 그것도 단계가 있어야 한다고 생각합니다. 일반 농가들도 친환경농업으로 갈 수 있는 조건을 만들어주어야 합니다. 그걸 방해하고 있는 요소가 물류를 하고 있는 광역친환경농산물현물센터(광역센터)예요. 광역센터에서는 □□시의 친환경농산물을 광역센터로 가져갑니다. 그리고 그 농산물이 광역에서 □□시로 다시 오는 게 아니라, 다른 지역농산물이 □□시로 와요. □□시의 농산물이 □□시 학교급식에 불과 10~15% 정도만 공급되고 있어요. 사실 □□시뿐 아니라 다 그렇다는 거죠. 이런 광역센터가 누구를 위해서 필요한 것인가에 대한 고민이 많이 필요하다고 생각합니다. 예측 가능한 관계시장을 확보하고 관계망 속에서의 통합적인 사업 체계를 구축하는 것이 가장 중요하지 않을까 생각합니다.

정민철 아까 마르쉐를 만드는 데에는 기획자가 필요하다고 하셨는데, 여기서도 파머스마켓이든 무엇이든 청년들이 하는 게 있습니다. 1~2년 하다 보면 동력이 떨어지기만 하고, 올라가지는 않습니다. 로컬푸드도 마찬가지입니다. 왜 그럴까? 어떤 면에서는 생산자 조직화라는 게 무겁게 접근하는 것일 수도 있겠다고 생각합니다. 이런 게 먹히는 시대가 아니기 때문에 생산자 조직화라는 단어조차도 장터를 기획하듯이 기획자가 필요한 단계가 아닌가 생각합니다. 그런 면에서 마르쉐

같은 장터를 매달 기획하고, 의미를 무겁게 갖고 가는 게 아니고 자유롭게 움직일 수 있는 그런 것을 만들어줄 필요가 있지도 않은가 생각합니다.

이보은 저는 그 점이 중요하다고 생각해요. 마르쉐가 9년을 버틸 수 있었던 이유라고 봅니다. 시장에 오는 생산자 한명 한명이 자기 물건과 매대의 모든 것을 책임지는 입장이었단 말이에요. 마르쉐는 가격 결정에 참여하는 것도 아니고, 공간만 여는 역할을 하는 거죠. 나머지는 출점자들이 오로지 책임지는 형태라고 생각해요. 고백하자면, 마르쉐에 출점 문의하시는 분들 중에서 학교급식을 내는 분들이 좀 조심스럽더라구요. 이분들은 안정적인 생산을 하셨던 분들이시거든요. 마르쉐에서 손님들 한명 한명을 만나서 이 사람과의 관계로부터 다음 단계를 열어가는 데에 흥미를 잘 느끼지 못하시는 것 같다는 그런 선입견이 생겼거든요. 사실은 우리가 직접적 관계를 맺으면서 되게 많은 변화가 있었다고 생각해요. 출점하시는 농민들은 씨앗 하나를 파종하면서도 사갈 소비자의 얼굴을 떠올리면서 농사를 짓는 거거든요. 이런 관계를 가지고 농사를 짓다보니까 농사의 방향이 점점 좋아진다고 느껴집니다. 생산량이 많아지는 게 아니라 더 지구를 위한, 지속가능한 방식을 고민한다는 거죠. 더 다양한 씨앗을 심으려고 하고, 점점 더 경운을 안 하려고 하고, 채종을 하려는 움직임이죠. 채종하려다보니까 꽃이 피게 되고 그래서 꽃을 들고 나오기 시작하는 것이죠. 제가 보람있게 생각하는 부분이 꽃이 피는 논과 밭, 그 농장의 풍경인 거예요. 그 공간은 소비자들에게 가보고 싶다는 로망을 주거든요. 그런 관계가 누적되어 가면서 생산자도 권능이 생기고, 소비자들도 뭔가 할 수 있는 게 생겨요. 저는 그런 관계가 마르쉐가 경험해왔던 관계라고 생각합니다. 무언가 체계에 의해서 돌아가는 유기농에 대해서 저는 약간 불신과 우려가 생기거든요. 지금 우리가 이런 방식으로 농사를 지어서 계속 농사 지을 수 있을까? 토양을 회복할 수 있을까? 기후위기를 잘 헤쳐갈 수 있을까? 이런 걱정이 들어요. 저희 입장에서 유기농 인증마크라는 게 농민들한테는 족쇄 같은 거예요. 그거 안 해도 되는데 하면 더 좋다니까 하긴 해야 하는 거죠. 유기농 인증이 정말 내가 하고 있는 노력을 표현해주지는 않잖아요. 그래서 저는 현재 유기농 체계를 어떻게 혁신할 것인가? 실질적 안전성을 어떻게 확보할 것인가? 지구에 미치는 영향들의 실질적 변화들이 필요한 거 아닐까? 하고 생각합니다. 거기서부터 신뢰들이 형성될 수 있지 않을까 생각해요.

최근에 마르쉐 햇밀장을 준비하면서 그런 생각을 하게 하는 두 가지 사례가 있었어요. 제주도의 '자연그대로 농민장터'에 가면 자연재배 농민들이 검정밀을 농사를 지어서 꽤 비싸게 파셔요. 그분들은 농사지은 지 몇 해 안 되시니까 검정밀을 보관할 저온창고도 없어요. 올해 다 못 팔면 내년에는 밀의 양을 줄여야 할 것 같은 거예요. 그런데 식량안보 차원에서 밀의 자급량을 5%까지 올리겠다는 국가 목표가 생겼잖아요. 그러면서 제주에다가 12만 평 대규모 밀농사를 짓게 했어요. 결국 그 밀은 다시 뭍으로 실어 올려야 하잖아요. 영세한 농민이 자연재배로 1,000평에 지은 밀을 가지고 그 동네에서 음식 워크숍도 열고, 다양한 음식들을 만들면서 공동체의 움직임도 있거든요. 그런데 행정이 지원해서 길러지는 밀은 이런 지역에서의 소비나 관계 같은 것을 전혀 고려하지 않죠. 실제 이런 식의 정책들을 하는 게 과연 좋은 일인지 나쁜 일인지 고민하는 중입니다.

또 하나는 옥천살림협동조합(이하 옥천살림)의 밀 생산 체계가 좋다고 생각하거든요. 옥천군 주변에 20개 농가가 금강밀을 단일작물로 생산해서 전량 옥천살림이 수매해요. 수매한 밀은 학교급식에도 공급하고, 제분해서 로컬푸드에서 팝니다. 그러면 그 동네에 사는 제빵사들이 그 밀을 사요. 그런데 일반적인 우리밀보다 훨씬 비싼 가격에 사야 해요. 대신에 빵을 만들면 로컬푸드에 입점할 수 있어요. 닫힌 구조죠. 저는 물론 옥천살림이 그 구조를 만든 게 훌륭하다고 생각합니다. 하지만 좋은 밀을 구해서 자신만의 빵을 만들어 시장에서 자리잡으려 하는 수많은 젊은 제빵사들에게는 그림의 떡이죠. 대기업에서 일자리 안 주니까 다 자영업을 한단 말이에요. 그런데 그 친구들에게 옥천군의 밀이 닿을 수 있을까? 이런 것이 폐쇄 회로의 한계가 아닐까 하는 생각도 듭니다. 제빵사들과 이야기할 때 저는 '너희는 전생에 나라를 팔았다'고 얘기해요. 왜냐면 새벽 3~4시부터 저녁 7~8시까지 일하는 직업이 요새 어디에 있어요? 몇 년을 그 새벽에 일어나서 빵을 만드는데, 국산밀 값이 떨어지질 않아요. 근데 한국농수산식품유통공사aT는 엄청나게 싼 가격에 밀을 사서 싸게 되판단 말이에요. 단지 나는 얼굴을 아는 밀을 먹고 싶을 뿐인데, 그 이유만으로 엄청 비싸게 구입해야 해요.

정천섭 △△시에서 비빔밥축제를 하잖아요. 비빔밥축제인데 농민들이 초대되지 않아요. 축제에도 지역 사람보다는 외지 사람들 초청해서 하고 있거든요. 또 비빔밥에 사용되는 식재료가 지역 것도 아니에요. 근데 이름은 △△비빔밥축제인 거죠. 그런 현상을 좀 더 생각해보면, 공공형 관계시장에 대응하기 위해 반드시 필요한 게 농가조직과 기획생산이라고 생각합니다. 기획생산은 농민들이 생산한 것을 다 팔아주는 게 아니라 예측 가능한 관계시장을 파악해서 거기에 맞도록 농가를 조직화해서 생산하게 만드는 것입니다. 우리 지역의 빵집에서 얼마 정도 밀가루가 필요하다면, 그 밀을 생산하기 위해 1.5배 정도의 농가를 조직화해서 기반을 만드는 게 기획생산입니다. 이전의 유통·생산 방식과 다른 거죠. 기존의 유통 방식에 대입하면 전혀 맞지 않는 상황이 되거든요. 지역에서 필요로 하는 농산물과 가공식품들을 지역에서 어떻게 만들어낼 것인가 하는 부분을 조직화하는 것입니다. 지역적으로 조직화가 되면 도농복합 지역인 경우에는 여러 가지 장점을 가지고 있지만, 완전 농촌 지역이나 완전 (대)도시 지역을 어떻게 연결할 것이냐가 고민 지점입니다. 철저하게 단계적이고 체계적이어야 한다는 거죠. 지역에서 어느 정도의 물량이 필요한지를 파악하지 못하면, 생산하는 것도 조직화와 기획생산을 하는 것도 불가능다고 볼 수 있습니다.

금창영 마르쉐가 관계와 관련해서 중요한 일을 하고 있다고 생각합니다. 저도 13년째 꾸러미를 하고 있는데, 이게 호혜적 관계라는 느낌이 들지는 않아요. 실제로 생산자 입장에서 그런 생각을 하면 안 되는데, 소비자들이 하는 '내가 네 걸 사주는 거야'라는 생각이 전해져 와요. 그건 호혜적 관계는 아니거든요. 마르쉐는 금전적 부분 이전에 다른 부분이 있는 거죠. 그날 많이 팔고 적게 팔고를 떠나서 생산자와 소비자의 관계가 먼저 보이는, 과학적으로 설명이 안 되는 이런 영역들이 중요한 역할을 한다는 생각이 듭니다. 지금 광역 이동 체계는 한살림·아이쿱뿐 아니라 홍유 같은 경우(조합원이 백 명 정도 되지만)도 납품하는 생산자들의 규모가 점점 커지고 있습니다. 소규모 생산자들이 새롭게 진입하는 게 힘들어지는 구조죠. 친환경 농산물이나 유통에 대한 고민들이 깊이 있게 이뤄지지 않는 기존의 유통 방식이 쫙 뿌려져버렸기 때문에 생긴다고 봅니다. 생산자야 모으면 되고, 인증 마크는 주면 되고, 인증 기준에 맞춰서 생산하면 된다는 방식으로 된 거죠. 생산자나 소비자들 입장에서 친환경 농산물 인증 마크가 있는 게 경쟁력도 있고 안정적으로 공급된다고 보는 거죠. 그런데 앞으로는 이런 생각들이 별로 중요하지 않은 사회로 갈 거라고 생각합니다. 관계시장이나 이런 부분들에서 또 다른 게 형성될 것 같습니다.

마을과 먹거리 순환 관계망

김정섭 정리하자면 그런 관계를 기꺼이 여기는 소비자들이 있고 생산자들이 있다는 겁니다. 7~8년 전 우연히 언니네텃밭 회의에 갔는데, 그날 회의 주제가 언니네텃밭 공동체가 늘어나고 물량이 증가하니까 많이 팔아야 하는 상황이 된 거죠. 원래 언니네텃밭은 꾸러미로만 판매했는데, 단품들도 취급하기 시작했어요. 문제는 단품을 취급하다보니까 정기 꾸러미 회원이 아닌 분들이 신용카드 결제에 대해 문의하기 시작한 거예요. 그때까지 언니네텃밭은 신용카드 결제 시스템을 일부로 설치를 안 했어요. 우리는 생산자와 소비자의 관계를 지향하는 조직이기 때문에 1년에 최소한 두 번이라도 얼굴을 볼 수 있는 사람들에게 팔아야 한다는 거죠. 격론이 벌어졌어요. 신용카드 결제 시스템으로 갈 거냐 말 거냐, 신용카드 결제 시스템을 달면 매출에는 도움이 될 것 같은데 본질을 흐리는 것 같다는 문제인 거죠. 작은 물량일 때 소비자와 관계를 맺으면 농민시장이나 꾸러미 같은 관계망을 통해서 어느 정도 경제적 필요를 충족하는 거죠.

대형화·체계화하는 곳은 어차피 그렇게 갈 거니까 양쪽이 자연스럽게 분리된다고 보통 얘기하시는데, 저는 아닐 수도 있다는 생각이 들어요. 작은 규모일 때 관계시장을 통해서 소비자들과 관계를 만들면서 점차 커지고, 그러다 보면 생산자 조직으로 들어가야 하는 거죠. 정상진 선생님도 그런 고민을 하실 것 같은데, 그러면 그걸 팔아줘야지 어떻게 하겠어요. 기존의 사회적 관계와 관계시장에 기반했던 팀도, 생산자(홍유의 경우 조합원)들이 늘어나면서 농산물의 양도 늘어나서 그 물량을 감당하기 어려워지는 거예요. 그래서 결단을 내리는 거죠. 저는 개인적으로 홍유도 결단을 내려야 하는 시점에 왔다고 생각합니다. 큰 산지출하조직으로 가거나 홍유를 쪼개서라도 관계시장을 지향하는 작은 단위를 유지해야 한다고 봅니다. 딜레마가 있는 거죠. 관계시장 속에서 장사가 잘 되면 참여자가 늘어나니까 덩치를 키워야 하고, 그렇게 되면 기존의 유통 체계에 편입될 확률이 높아지죠. 그러면 뭔가 본질을 깔고 있던 가치들이 훼손되고 왜곡되는 거죠. 그 부분에서 정천섭 선생님이 말씀하신 예측할 수 있는 관계시장을 만들기 위해서 기획생산은 일종의 절충안 내지는 대안이라고 생각하거든요. 덩치를 키우더라도 기획생산을 잘 하면 관계시장의 본질은 잘 유지하면서도 덩치는 어느 정도 키울 수 있을 것이라고 보시는 거죠. 저는 대도시와 농촌 산지의 관계 속에서 기획생산은 쉽지 않다고 보거든요. 큰 물량이 움직여야 하니까요. 지역 안에서의 기획생산에 기초한, 확장된 형태가 필요한 게 아닌가라고 봅니다. 구자인 선생님께서 지역 간 먹거리 순환 관계망에 대해서 말씀해주시죠.

구자인 유통 체계가 자본주의 시장경제 안에 편입되면서, 지금은 소비자와 생산자의 거리가 너무 멀어졌잖아요. 장곡에 있는 홍유나 일반 생협도 다 그렇게 가버렸죠. 그게 과연 올바른 방식이냐에 대해서 근본적인 문제제기를 하고 싶어요. 마을의 관점에서 보자면 대안적 먹거리 논의조차도 어느 순간 다 시장 유통 체계에 편입되어서 문제제기를 하면 오히려 반박이 돌아오는 거죠. 푸드플랜 논의를 지켜보면 정말 말도 안 되는 얘기를 하고 있다는 생각이 듭니다. 근거리 시장도 못 만들어내면서 무슨 푸드플랜을 하냐는 거죠. 푸드플랜이 정책의 영역이라면 행정 조직을 과감하게 혁신하지 않고서는 도저히 풀 수 없거든요. 민간도 칸막이를 극복하지 않으면 푸드플랜을 할 수 없는데 말이죠. 민간이나 행정이나 다 칸막이가 있고 각자 놀면서 무슨 푸드플랜을 하자는 거냐는 생각이 듭니다. 가장 기본적으로 면 단위 내에서 통합적인 관계망을 만드는 논의를 하고, 그 후 지자체에서 제도적으로 만들어가는 과정을 밟아야 하는데, 그걸 구분하지 못하고 계속 대안적인 얘기만 하고 있습니다.

저는 먹거리 운동, 환경 운동, 농민 운동이 생활 운동의 기본이 되어야 한다고 생각합니다. 언제부턴가 농민단체들도 제도화되고 있습니다. 작은 지자체 하나만 보더라도 관계시장을 형성하는 게 보통 쉬운 게 아니잖아요. 우리나라 지자체가 얼마나 큰데 말이에요. 학교급식의 대안 논의도 일본에서 했던 이야기의 반복인 거죠. 학교급식은 우리로 보자면 2~3개의 면 단위에 해당하는 작은 지자체 단위에서 우리 학교 아이들의 먹거리를 우리가 책임진다고 시작한 일이잖아요. 이게 제도적인 망 안에 들어가니 인증제도를 거쳐야하고, 영양사를 설득해야 하는 상황이 된 거예요. 정책적으로 너무 어려워진 거죠. 유통의 흐름을 다시 한 번 점검해보면, 농어촌에서는 보충성원리가 적용되어야 한다고 생각합니다. 가까이에서 해결하는 구조를 만들고, 모자란 부분은 외부에서 채워나가는 방식이 맞는 거죠. 면 단위에서 완결하는 방식을 추구하되, 지자체 단위로는 어느 정도의 자급 체계 내지는 로컬푸드 체계를 만드는 거죠. 그 다음에 남는 농산물들을 제도적 방식을 통해서 외부 유통망과 연결시키는 일을 해야 한다고 생각합니다.

그런 망을 짜기 위해서 끊임없이 노력해야 한다는 거예요. 시장이 지역사회에 지나치게 들락날락할 수 있는 구조가 아니라, 일정 정도 닫힌 구조를 만들어야 한다고 생각합니다. 외부에서 지역사회에 들어올 때는 예의를 갖추고 들어오게 해야 하고, 밖으로 내보낼 때는 자부심을 가지고 내보내는 구조가 되어야 하는 거죠.

김정섭 김경숙 선생님께서는 학교급식 관련 일을 하셨잖아요. 구자인 박사님 표현을 제 식으로 해석하면, 장곡면에는 장곡초등학교가 있는데 40명 정도에게 급식을 하죠. 아주 작은 규모이기는 합니다. 급식에 쓰이는 기본 쌀이나 채소 종류는 일단 장곡면에서 나는 것으로 채워 넣고, 장곡면에서 안 나는 건 밖에서 구하자는 게 기본이잖아요. 근데 이게 안 되고 있죠? 이유가 뭡니까?

김경숙 안 되고 있습니다. 그 시도를 홍동초등학교에서 해봤어요. 2000년대 초반에 아이들에게 친환경 쌀을 먹여야 한다고 생각했던 것 같아요. 그때 친환경 쌀 주산지가 홍동면이었거든요. 그런데 홍동면에서 친환경 쌀이 나오면, 유통업자들이 자기들에게 갖다달라고 줄설 때였죠. 정작 친환경 쌀을 많이 생산해서 외부로 특히 수도권에 있는 사람들에게 다 보내다보니 우리 아이들은 '뭘 먹고 있지?'라는 의문이 들었어요. 그래서 '그것부터 바꿔야겠다'고 생각했던 게 시작이었습니다. 아이들에게 친환경 쌀을 먹이려면 어떻게 해야 하나 봤더니, 돈 문제가 있었어요. 급식비 단가가 가장 큰 문제였어요. 단가 문제라면 농민들이 돈을 내서 친환경 쌀을 먹여야겠다고 생각한 거죠. 그런 뒤 채소도 바꿔보자는 흐름이 있었습니다. 당시에 풀무생협 생산자들이 워낙 많으니까, 생산자들이 친환경 채소를 학교급식에 공짜로 갖다주기도 했습니다. 그런데 관계망을 만들지 않고, 몇몇 학부모의 헌신과 희생으로만은 지속이 안 된다는 거죠. 그래서 나중에 풀무생협에 이 일을 위임했어요. 풀무생협에서 50여 가지의 채소류를 유통하고 있으니까, 학교급식과도 연결하려고 했던 겁니다. 최소한 풀무생협에서 유통하는 채소는 안정적으로 학교에 공급할 수 있을 거라는 생각으로 연결했어요. 저는 그 뒤로 잘되고 있는 줄 알았는데, 제가 2010년쯤 홍동초등학교 운영위원을 하게 되었거든요. 그때 알아보니 풀무생협 통해서 들어오는 건 대파밖에 없더라구요. 영양사에게 그 이유는 뭐냐고 물어봤더니 풀무생협에서 안 갖다 준다는 거예요. 그래서 풀무생협에 물어봤어요. 그랬더니 학교는 품위를 맞추기가 어렵고, 학교가 요청하는 채소들을 일상적으로 공급하기가 어렵다는 답변을 들었습니다. 여기서 '어렵다'는 뜻은, 거리가 가깝기는 하지만 돈이 안 되고, 많은 품이 들어가서 효율이 안 난다는 거예요. 그때의 홍동면에서조차도 안 되는데, 이게 개별적으로 풀 일이 아니라는 걸 알았습니다. 그러면서 학교급식센터를 고민한 거였죠. 어떤 관계망을 만들어야 아이들에게 친환경 먹거리를 먹일 수 있는지 고민을 했습니다. 2013년도에 행정에서 직영하는 급식센터를 만들어야겠다고 생각했어요. 실제로 일을 하다보니, 학교급식에서 필요한 농산물은 20%가 안 되었어요. 나머지는 축산물이나 가공품이 필요한 거죠. 이걸 면 단위에서 해결하는 건 불가능하구요.

　기본적으로 학교급식은 개별 입찰방식으로 돌아갑니다. 저는 이 체계를 바꾸는 게 가장 큰 일이라고 봅니다. 그 틀을 깨지 않는 이상은 절대 지역 농산물이나 우리가 생각하는 수준의 식재료 품질을 만들 수가 없겠더라구요. 제가 급식센터에서 일하면서 기억에 남는 일이 있는데, 2014년 6월 정도였어요. 선생님들에게 감동을 받은 적이 있었어요. 선생님들이 이구동성으로 '우리도 아이들에게 친환경 농산물을 먹이고 싶다. 그런데 비싸서 먹일 수 없다'고 얘기했습니다. 그 후 6월쯤 선생님들이 농산물 발주를 넣기 시작하셨어요. 친환경 농산물을 선택하는 것은 선생님들 재량이에요. 급식센터를 만들었지만, 품목에 일반 농산물도 있고 친환경 농산물도 다 있거든요. 그 두 개의 단가가 다른데, 6월쯤 되니까 다 친환경 농산물을 선택하더라구요. 첫 해에 급식비를 전혀 올려주지 않았음에도 70%가 친환경 농산물로 전환되었던 거죠. 기존 체계를 바꾸는 일이 중요하다는 생각이 들었어요. 그래서 그때 선생님들께 고맙다는 이야기를 했었습니다. 사실 친환경 농산물 공급이 70%까지 될 수 있었던 건 홍유가 있었기 때문에 가능했습니다. 친환경으로 농사짓는 농가들이 조직되어 있었기 때문이에요. 제가 보령시 학교급식센터에서도 2년 정도 일했는데, 보령시는 그런 경험이 많지가 않았어요. 그런데 학교급식을 통해서 농가 조직화가 본격적으로 됐습니다. 그러면서 우리 지역의 아이들에게 친환경 농산물을 먹여 보겠다는 의식이 생겼구요.

충청남도 시군에 급식센터들이 많이 만들어졌습니다. 그러면서 지역별 편차가 생기기도 했습니다. 어쨌든 학교급식에는 친환경 인증이라는 기준을 넘지 못하면 들어갈 수가 없잖아요. 그렇게 되다보니까 학교급식에서 농산물을 다 팔아줄 수 있다고 해도 농가들이 생각처럼 많이 늘지 않습니다. 조직화하는 것도 생각보다 쉽지 않다는 것이 문제입니다.

김정섭 농촌 지역에서는 넓은 의미에서의 관계시장에 학교급식을 포함시킬 수 있을 것 같습니다. 하지만 본질적으로는 지역의 친환경 농산물을 학교급식에 공급하더라도 학생들과 지역의 농민들이 만나는 기회를 만들지 않으면 보호된 시장일 수는 있어도 관계시장일 수는 없다고 생각합니다. 한 단계 더 나아가려면 다른 장치가 필요한 거죠. 김경숙 선생님이 말씀하신 것을 제 식으로 요약하자면, 몇 가지 조건이 필요한 것 같아요. 학교급식 체계는 대체로 지자체의 조례에 의해서 움직입니다. 기본적으로 최저가입찰제나 조달 체계가 갖고 있는 한계를 깨는 규칙이 작동해야 할 것입니다. 최저가가 아니더라도 안전하고, 품질이 괜찮고, 지역의 농민들이 생산한 농산물이 우선권을 갖고 들어갈 수 있는 규칙이 만들어져야 할 것입니다. 이것은 농민들의 생산 활동이 기획되지 않는다면 현실적으로는 어렵다고 봅니다. 농민 쪽에서도 아마 그런 부분들이 조직되어야 될 것입니다. 학교 쪽과 농민 생산자 단체들이 협의해서 규칙을 바꾸고 기획생산을 하긴 어려우니 지자체가 정책적으로 개입하는 거죠.

김경숙 급식센터를 구상할 때, 행정이 직영하는 학교급식센터가 있어야 한다고 생각했습니다. 어쨌든 지역 농민들에게 최저가 보장이나 안정적인 생산가 보장이 되어야 관계를 만들어낼 수 있다고 생각한 거죠. 학교급식센터가 기존의 업체와 최저가 입찰 방식이 아니라 생산자가 조직화된 곳과 연결한 거죠. 이미 조직화된 얼굴 있는 농민들이 있었기 때문에 가능했습니다. 그 농민들하고 끊임없이 교류했던 거죠. 학교급식은 학교 영양사가 절대 권력을 갖고 있어요. 그 사람들이 결심하면 바뀌는 부분이 많거든요. 영양사의 숫자는 정해져 있고, 그 사람들의 생각을 바꾸는 건 쉬운 일이에요. 그런 차원에서 일들이 많이 풀려나갔던 것 같아요. 단적인 예를 들면, 항상 1년에 몇 번 꼭 겪는 일이 있어요. 아욱이 학교에서 굉장히 많이 쓰는 작목 중에 하나거든요. 납품을 가면 1년에 한두 번씩 볼펜을 갖고 싸워요. 볼펜을 들고서 볼펜

두께보다 아욱이 두껍다며 이게 맞느냐를 두고 싸우거든요. 생산자분은 사연이 많죠. '아욱 대가 굵어도 연한데, 먹을 수 있지 않느냐'고 말하는 거죠. 그런데 초보 영양사나 농민에 대한 이해가 낮은 영양사들은 '학교에서 배울 때 이렇게 안 배웠다. 볼펜 굵기보다 굵은 아욱은 정상품이 아니다'라고 말하는 거죠. 계속 그런 사람들을 설득해 나가야 해요. 그 외에도 잎에 구멍 뚫린 것으로도 맨날 싸우고, 벌레집이 몇 개 있는지 개수를 세어가며 싸웠던 일이 많았죠. 초창기 생협처럼 농민과 대면하고, 관계를 통해서 풀어나가는 일들이 굉장히 많았어요.

'사람'이 과제다
—후계 인력 양성과 젊은 농민 조직화

정천섭 저는 애초에 '로컬푸드를 왜' 하자고 했고, '푸드플랜을 왜' 하자고 했는가, '제대로 실행하고 있는가'라는 부분에서 읍면 먹거리 체계를 구축하는 게 중요하겠다는 생각이 들었어요. '현재 읍면 먹거리 체계를 구축하는 과정을 누가 어떻게 해야 하지?' 라는 고민을 갖고 완주군과 이야기해서 먹거리통합사업단을 만들었어요. 거기를 통해서 일정 예산을 확보하고, 사람들을 확보해서 읍면부터 다시 구상해보자는 취지로 시작했습니다. 읍면에 있는 사회적 취약계층부터 일반 농민까지 어디서 먹거리를 구입해서 먹고 있는지, 지역 사람들은 생산물을 어디에 납품하고 있는지를 조사했습니다. 고민이 됐던 부분들은 '먹거리는 공공재일까요? 사유재일까요?' 라고 질문했을 때 이 자리에 참석하신 분들은 공공재라고 하실 것 같습니다. 그런데 대부분의 사람들은 사유재라고 생각하죠. '이미 학교급식에 납품하는 기존 업자들이 있는

데, 왜 공공의 영역에서 해야 하는 거지?', '왜 지자체가 개입해야 하는 거지?'라고 생각하는 사람들이 많습니다. 국가나 시군비의 보조금이 들어가는 시장을 관계형 공공시장이라고 한다면, 학교급식·공공급식·로컬푸드·복지급식과 직거래 시장에서만큼은 공공재로 공급하는 것이 당연하다는 게 확인되었잖아요. 최근에 「외식산업진흥법」이 개정되어서 식당이나 공공영역에서 지역 농산물을 공급하면 보조금을 줄 수 있게 되었습니다. 전라북도에서는 지역 가공식품을 먼저 공급하거나 비유전자조작Non-Gmo 농산물을 공급했을 때 1인당 300원 이상을 보조하는 것 등 구체적으로 만들어지고 있다고 봅니다. 친환경 농산물이 예전보다는 공공재로서의 가능성이 높아지고 있는 거죠.

문제는 첫째, 제가 가장 반성하고 고민하는 게 후계 인력을 만들어내지 못하고 있다는 부분입니다. 우리와 같은 생각을 하는 사람들이 있어야 하는데, 그런 생각을 했던 1세대들이 물러나면서 이어받을 사람이 없는 거죠. 대표적 예가 완주 로컬푸드협동조합이라고 할 수 있어요. 1세대들이 물러나면서 완전 엉망이 되었거든요. 농가들끼리 서로 주도권 싸움을 하고 고소·고발로 이어지고, 대농·상업농들과 당초 로컬푸드 목적을 추구하는 사람들과의 갈등도 깊어지고 있습니다. 양극화 현상도 더욱더 심화되고 있습니다. 대농들이 자신들의 이익을 위해서 요구하는 것들이 늘어나는 상황입니다. 최근 완주군에서는 재단법인 공공급식센터와 로컬푸드협동조합을 통합하여 공공성 있게 운영해야 된다는 주장이 생겨나고 있습니다. 그것에 대해 일부 대농들이 엄청나게 반발했습니다. 기존 로컬푸드협동조합에서 기득권을 가지고 있던 대농들 입장에서는 통합할 이유가 없다고 생각하는 거죠. 이런 일들이 반복되다보니 우리와 공감대를 갖고 있는 사람들을 많이 만들어내지 못했다는 반성이 있습니다. 지역의 역량과 준비가 필요한데,

어떻게 할 것이냐가 문제인 거죠. 관계시장도 관계의 중요성을 이해하고 자신의 가치로 가지고 있는 사람들이 있냐는 문제가 있습니다. 있다면, 그 사람들이 이 사업을 주도할 위치에 있느냐 하는 문제도 중요하다고 생각합니다. 마르쉐도 지속가능성에 대해 고민하고 있다고 하신 것처럼, 지속가능성이 유지되지 않으면 이 사업들은 전개되지 않는 거잖아요. 공공성·공공재의 내용을 이해하면서도 지속가능하게 갈 수 있는 체계를 어떻게 만들 것이냐 하는 문제가 있습니다. 결과적으로 지역에서 이 일을 주도하고 진행할 수 있는 사람들을 만들어내고, 그 사람들의 의해 체계가 만들어지고 실천 가능하게 만들어내는 게 중요하다고 생각합니다. 한 예를 들면, 김경숙 선생님의 고민처럼 학교급식 같은 경우에도 완주군은 수의계약으로 합니다. 교육지원청하고 의식 있는 담당공무원이 2년 동안 엄청나게 싸우면서 만들어낸 거죠. 다 수의계약으로 하고, 현물 공급으로 진행합니다. 교육지원청과 학교, 행정, 운영 주체가 공공형 운영 주체여서 가능했던 일이라고 봅니다. 거기엔 군에서 출자한 재단법인이 학교급식을 담당하고 있었기 때문인 이유도 있었다고 생각합니다. 지금도 전라북도 교육청이나 교육지원청에서는 시군에서 관리·감독하는 공공형 운영 주체일 때는 수의계약이 가능할 수 있다고 이야기합니다. 홍성군도 지자체에서 급식센터를 운영하기 때문에, 충분히 교육지원 차원에서 100% 수의계약이 가능할 것입니다. 문제는 지금 학교급식센터에서 친환경·일반 농산물과 가공식품을 공급할 역량이 되냐는 거죠. 어떻게든 만들어내서 공급할 수 있도록 할 것인지를 결정해야 할 것입니다.

김정섭 결국 과제는 '사람'입니다. 활동가와 전문가, 젊은 농민이 있어야 하는 거죠. 이보은 선생님이 마르쉐의 다품종 소량생산을 하는 생산자들이 고령화되는 부분에 대해 이야기하셨습니다. 인류학을 하는 젊은 연구자들이 언니넷텃밭에 들어가서 쓴 학위논문이 있습니다. 밖에서 언니네텃밭을 연구할 때에는 다품종 소량생산을 해서 소비자와 직접 거래하는 방식이 좋아보였는데, 그 동네에 들어가 1~2년 옆에 붙어서 보니까 다르게 보였다는 거죠. 언니네텃밭 생산자들 대부분이 60세 넘은 할머니들인데, 이 다품종 소량생산의 노동 강도가 장난이 아닌 거죠. '이게 말이 되나? 참 답답하다' 이런 식의 논문이 있습니다. 저도 그 논문을 6~7년 전에 읽었거든요. 달라진 게 없는 거죠. 한편으로 이보은 선생님이 마르쉐에 자유분방한 젊은 농민들이 등장하고 있다고 하셨습니다. 거기에 희망을 걸어볼 수가 있는데, 제가 보기에는 이 젊은 농민들이 농촌의 생산자 조직에 엮이지가 않아요.

이보은 스스로 유통할 수 있는데 왜 엮이려 하겠어요. 결국 지역의 미래는 그들에게 달려 있다고 저는 생각해요.

김정섭 각자 잘 팔고, SNS 하고, 마르쉐도 가는 것에 대해서 도덕적으로 비난할 이유는 하나도 없지만 안타까운 현실인 거죠. 지금 지역 단위에서 기존의 유통 체계가 아니라 먹거리의 사회적 가치를 구현하는 먹거리 관계망을 만들고 로컬푸드와 공공급식이든 무언가를 하려는 움직임이 있잖아요. 그때 젊은 농민들이 어떤 식으로든 조직 단위에 합류해야 하는데, 50대 이상의 꼰대들에게 질린 건지 안 들어오는 거죠. 이걸 지역 전체로 보면 '이래서는 후계 세대가 육성되고, 지역의 판을 새로 짤 수 있겠는가?' 싶은 거죠. 소수의 젊은 농민들이 들어오는데, 다들 모래알처럼 각자 움직이는 거죠. 이런 게 저는 심각한 과제일 것이라고 생각해요. 그렇다고 해서 강압적으로 할 수 있는 문제도 아닌 거죠. '로컬푸드와 학교급식에 넣어줄게', '판로를 보장해줄게'라고 해도 들어올 친구들도 아니죠. 그렇다고 '각자 알아서 하세요'라고 내버려둘 지역농업 판도 아닌 거죠. 이번 좌담회는 답 없이 과제만 나열하고 끝낼 생각입니다. 추가적으로 고민해야 할 지점이 있으면 한두 가지 말씀들 해주시죠.

이보은 저는 마르쉐가 대안시장이라기보다 보완시장이라고 생각하거든요. 마르쉐를 통해서 사람이 사람을 만나고 관계를 맺으며 '내가 어떤 농사를 짓는지', '나는 누구인지'를 알고 싶게 만든다고 생각해요. 그것이 또 사람들과 만나면서 확장되고 꾸러미로 가든 무엇을 만들어내든 결국은 사회적 관계망 속에서 자신의 생산물이나 판로를 만들어갈 수 있게 되더라구요. 결국 사람들이 직접 대면하면서 만들어지는 보완재을 장착하는 것이 필요하지 않을까 생각합니다. 두 번째는 아까 마르쉐가 보호된 시장이라고 말씀하셨는데, 행정 주도의 관계시장이야말로 보호된 시장에 의존하고 있다고 생각하거든요. 마르쉐 햇밀장에 참여하는 제빵사들이 비싸지만 지역 밀을 사는 이유는 그 농민이 그 밀을 어떻게 키웠는지 알기 때문이라고 생각해요. 안심하고 그 밀을 사용할 수 있잖아요. 만약에 일반 밀을 사면 어느 농민이 어떻게 재배했는지, 밀 품질에 대해서 확실히 알 수 없잖아요. 그러니까 '공공'이란 이름 아래서 그런 얼굴이 사라지고 있다고 생각합니다. 관계시장이 굉장히 중요하지만 그게 보호된 시장이 아니라 바람이 통할 길이 열려 있고, 약간의 예의를 갖고 들어올 수 있는, 약간의 문턱은 꼭 필요하다고 생각합니다. 그래서 농민들이 조금 더 다양한 시장과 연결되어 있는 구조를 짜기 위해 노력해주시면 좋겠습니다.

정천섭 단계적으로 올바르게 가는 것도 있을 수 있고, 마르쉐와 로컬푸드 등 다양한 시행착오를 경험하면서 해볼 수도 있겠다는 생각이 듭니다. 각기 영역이나 내용은 다르지만, 조금씩 발전하고 있는 것 같습니다. 한편으로는 '왜 이렇게 답답하게 갈까', '애초에 했던 약속들은 왜 다 어기고 있을까'라는 생각이 들기도 합니다, 그럴 때마다 같은 생각을 하는 사람들을 많이 만들어내는 게 중요하다고 느낍니다. 예를 들면 저는 현재 홍동농협의 로컬푸드 직매장의 상황이 이해가 갑니다. 잘 만들어보기 위해서 지역 사람들이 노력했지만, 결국은 변하지 않기 때문에 관여하지 않게 된 것 같습니다. 그런데 저는 변화시켜 내는 사람들이 있어야 한다고 생각하거든요. 그 사람들끼리 모여서 변화를 모색하고, 한쪽에는 학습하는 그룹도 만들어서 어떻게 우리 지역사회의 문제를 해결해나갈 것인가를 논의하는 구조를 구체화해 내어야 하는 거죠. 그 부분에서 홍성이 잘하고 있다고 생각합니다. 사실은 저도 많이 변하고 있거든요. 초기 장수군에서 고민할 때와 완주군에서 고민하는 내용이 많이 변했습니다. 왜냐하면 조건과 환경에 따라서 끊임없이 필요한 공부를 새로 하고, 변화하는 과정을 거쳤기 때문이죠. 제가 장수군에서 일하면서 반성을 많이 했던 게 사람, 후계 인력을 키우지 못했다는 점입니다. 그래서 완주군에서 일하면서 고민했던 지점도 지속가능하게 하기 위해서 어떻게 해야 할 것인가에 대한 부분이었습니다. 완주군은 체계가 문제였어요. 이런 문제들과 경험을 반영하면서 저도 발전하고 있습니다. 지역사회의 변화와 발전도 지금 변화된 현실 속에서 사람들이 모여서 논의할 수 있어야 가능하다고 봅니다. 지역이 변화하려면 그런 세력들이 많아져야 한다고 생각합니다.

김정섭 먹거리 쪽 움직임을 내세우는 건 관계시장이란 말이죠. 인간적이고 사회적인 관계는 기존의 체계와 붙으면 깨지기 쉽기 때문에 보호해야 한다고 생각합니다. 보호해야 움직임이 확산될 수 있는 거죠. 마르쉐는 관계시장이라는 관점에서 보면 상징적 의미를 갖고 있어요. 생산자 관점에서 봤을 때에는 가장 제도적으로는 보호받지 못하는 허허벌판에 있구요. 거꾸로 지역의 공공급식은 제도에서 보호를 해준단 말이에요. 관계시장을 유지하려고 보호를 한 건데 심한 경우에는 관계는 없고 보호만 있을 수 있단 말이에요. 사실은 보호도 잘 안 되는 것 같긴 하죠. '학교급식에 넣기만 해, 그러면 해결돼' 이런 흐름이 있단 말이에요. 그렇게 가버리면 관계라는 이념은 사라지는 거예요. 이런 양극단이 있을 수 있는 거죠. 한쪽에서는 맨 앞에 나서서 관계를 내세웠는데 보호를 못 받고, 한쪽에서는 보호를 내세웠는데 관계라는 이념은 실종되는 거죠. 적어도 공적 영역에서는 관계가 이념이자 목표고, 보호는 수단으로 가야 하는 게 아닌가 생각합니다.

정상진 홍유의 조직은 조합원이 중요한 의사결정권을 가지고 있어요. 지역의 계획이나 생산자 조직화를 제대로 하려면 홍유 조합원만으로는 할 수 있는 게 아니거든요. 판을 새롭게 짜야 하는 거죠. 그런데 홍유는 이것을 담기는 어려운 그릇일 것 같습니다. 실체적 주체가 없기 때문이죠. 제가 대표를 하면서 민주적 의사결정을 중요하게 생각해서 조합원 가입을 다 받아줬더니, 귀농하신 분들이 조합원의 절반 이상이 되었어요. 예전에는 뭔가 있으면 끝까지 토론해서 합의점을 찾았는데, 지금은 하나로 뜻이 모일 수 없는 상황이 된 거죠. 협동조합 연습이 안 된 분들이 협동조합이라는 조직 체계를 제대로 끌고 갈 수 있을까 고민이 됩니다.

금창영 저는 동네에서 어르신들과 관계를 맺다보니 새로운 정책이 만들어졌을 때 제도를 정교하게 짜고, 농민·공무원·소비자들에게 체계적인 교육을 하는 게 중요하다는 걸 알았습니다. 이런 것들이 하나의 틀을 갖춰야 한다고 봅니다. 지금은 뼈는 있는데, 윤활유나 연골들이 더 필요하다고 봅니다. 예를 들어서 귀농귀촌지원센터에서 귀농자들에게 얼마씩 지원해주고, 200시간 교육받는 것도 중요하지만, 저는 사람들이 만나서 차 한잔 마시는 것도 중요하다고 생각합니다. 이런 게 중요하다는 건 보통 마지막에 가서야 알 수 있죠. 제가 2007년 무렵에 귀농했을 때, 정상진 대표네 집에 가서 술 많이 먹었거든요. 동년배들끼리 모여서 많이 이야기했어요. 이런 이해를 바탕으로 정상진 대표가 뭘 하려고 하면 기본적으로 믿죠. 동네 어르신들도 저 친구가 무언가를 하려고 하면 논리나 체계나 학력을 따지기보다는 그 친구가 하면 그냥 밀어주는 것이 있잖아요. 이런 부분들은 시간이 걸린다고 생각해요. 우리가 그런 부분들을 놓치고 있는 게 아닐까 하는 생각이 듭니다. 이런 부분은 눈에 안 보이기도 하고, 수치화도 안 되지만 항상 염두에 두고 일을 진행해야 한다고 생각합니다.

정상진 경기도는 시군이기보다는 광역 중심으로 세팅되어 있거든요. 그런데 충청남도에서 그런 시도를 했던 이유는 어쨌든 시군에서 남는 농산물 품목들이 있어요. 이것을 어떻게 원활하게 주고받을 것이냐 했을 때 거점 역할을 하는 공간이 있어야 한다고 생각해서 실제로 광역센터를 위탁받아서 진행했어요. 1년 정도 했는데, 문제는 수수료가 든다는 점입니다. 물류가 움직이려면 비용이 발생하잖아요. 정찰가가 오른 건 아닌데도, 수수료가 공개되다 보니까 이걸 없애면 단가가 줄어들지 않겠냐는 이야기가 학교 영양사들로부터 나오는 거죠. 그런데 홍성군에서 친환경 포도가 안 나요. 그러면 그 포도를 가지러 다른 지역에 가고, 또 오이도 가지러 다른 지역에 왔다 갔다 하는 게 더 비효율적이라는 거죠. 제가 생각하기에 광역센터는 장점이 많은데, 결국에는 무산되었습니다. 이걸 시범사업으로 1년간 하고, 재공모를 했거든요. 이게 돈이 될 것 같으니까 일반 시군의 영농조합들이 막 덤빈 거죠. 그러면서 '선정 과정에서 문제가 있다. 공무원이 발탁했다' 등 난리가 나면서 안 하게 되었습니다.

김경숙 경기도는 조금 다르죠. 충남의 광역센터는 물류까지 했는데, 경기도는 터미널 역할만 했거든요.

김정섭 사실 저는 푸드플랜이나 로컬푸드와는 연관이 없어요. 그런데 4월에 농림축산식품부의 푸드플랜 협의회에 불려간 적이 있어요. 가서 되게 실망하고 왔는데, 농협 로컬푸드 직매장의 사회적 역할 활성화를 놓고 이야기했어요. 왜 농협만 놓고 이야기했는지는 모르겠지만, 농협 쪽에 로컬푸드 직매장 숫자가 많아서 그런 것 같아요. 아무튼 거기서 나온 농협중앙회의 경제지표 자료로 이야기를 했습니다. 그 지표가 농협 로컬푸드 직매장에 납품하는 회원 농가들의 평균 매출액에 대한 것이었는데, 평균 매출액이 전년 대비 올라갔다고 자랑스럽게 말하더라구요. 지표에서 전년 대비 회원 농가의 매출액이 늘어났다는 건 사실은 대농들이 더 많이 참여했다는 이야기예요. 중요한 것은 평균 매출액이 아니고 농가 수가 얼마나 늘었는가이죠. 농가 수가 늘어났다면 소농들이 더 참여했다고 볼 수 있다는 것이죠.

15년 전, 2006년쯤 일입니다. 제 고향이 예산군 덕산면인데, 고등학교 동창이 덕산 하나로마트 점장이었어요. 친구를 보러 하나로마트에 갔는데, 매대에 있는 대파가 전라남도 대파인 거예요. 그래서 그때 친구한테 '이게 말이 되냐, 대파 같은 건 바로 옆 동네 사람 중 농사짓는 사람이 한둘이 아닌데, 전라남도 진도 대파가 왜 여기 와 있냐? 그냥 동네 조합원에게서 사다가 걸어놓으면 되지, 뭐하는 짓이냐?'고 했어요. 친구한테 이 대파를 어디서 사왔냐고 물었더니 가락동에서 왔다고 하더라구요. 왜 이렇게 되었는지 자기도 모른다고 하더라구요. 체계를 모르는 거예요. 그때하고 비교해보면 일반적으로 먹거리 유통이나 농촌 지역의 농협이든 공무원이나 농민이든 인식 수준은 높아졌다고 생각합니다. 여전히 확인할 수 있는 건 앞으로는 가고 있다는 점입니다. 어떻게 전략적으로 움직이지만 끊임없이 돌출적이고 생생하고 기발한 창의적 실천이 나올 수 있게 할 것인가가 중요한 과제라고 생각합니다. 먼 걸음 해주셔서 고맙습니다.

스밈

농촌으로부터

전통시장, 로컬푸드, 텃밭장터 | 복권승
변두리의 성찰과 모험의 윤리 | 정민철

전통시장, 로컬푸드, 텃밭장터

복권승
마을활동가

**1979년 10월 27일 토요일
청양장 가는 날**

어린 시절 장날은 설렘과 행복의 장소였다. 오전 수업을 마치고 집에 온 아홉살짜리 꼬마는, 방아를 찧어야 할 볏가마니를 리어카에 실은 형님들을 따라 읍내 방앗간으로 향했다. 가마니 무게에 주저앉은 타이어는 통통 잘 굴러가지 못하고 눙기적거리며 사람 힘을 뺐다. 읍내 장터까지 십 리면 아주 먼 길은 아니라지만, 젖 먹던 힘까지 짜내어 밀고 끌며 따가운 가을햇살 아래를 지난다.

  방앗간에 벼를 맡기면, 다 찧을 때까지 서너 시간이 남는다. 형님들을 따라온 진짜 목적이 실현될 때이다. 장터를 가로질러 중학교 입구 끝자락 쪽에서 파는 국화빵! 달짝지근한 최씨 아줌마의 무릇[1], 튀김, 번데기, 국밥, 핫도그, 떡볶이…… 동네에서는 볼 수 없는 먹거리들이

---

[1] 백합과의 식물로 비늘줄기와 어린잎을 졸여서 엿처럼 먹는다. 과거 장터에서 많이 팔던 먹거리.

그때 꼬마에게는 가장 중요했다.

상설시장을 지나면 천막 없는 난장이 펼쳐지는데, 온통 우리 마을 사람 천지다. 뒷집 할머니의 늙은호박에, 주변 동네 감밭[2], 느름(널울), 한티(큰고개), 넘밭(너머밭)에서 나온 감들까지 산더미처럼 쌓여 있다. 가을 청양시장에서는 우린 감이 많이 거래되었다. 산촌마을에서 내다 팔아 돈이 되는 것으로는 우린 감이 으뜸이다. 집집마다 밤새 뜨거운 바탱이를 아랫목에 모셔두고 우려서 새벽같이 한 지게씩 짊어지고 나온다.

대부분 농사가 우선이고 청양 장날에만 '돈 사러' 나오시는 마을 어른들이지만, 청양장뿐 아니라 화성장·청라장·대천장·광천장에 더해 가끔 예산이나 유구장까지 오가는 어물전 아줌마와 우린 감들을 접(100개) 단위로 사서 경운기에 싣고 가는 김씨 아저씨는 장사꾼이다.

국화빵에 어묵 국물까지 배불리 얻어먹고 방아 찧은 쌀을 찾아 리어카에 싣고 집에 돌아오는 해질 무렵, 포플러 가로수 신작로에는 어울려 걷거나 자전거를 끌고 오시는 마을 어르신들과 뭔가 가득 담긴 보자기와 다라이를 머리에 이고 오시는 아주머니들이 줄을 잇는다.

지게 한가득 우린 감을 싣고 장에 가셨던 ○○마을에 사는 친구 아버지의 바수쿠리(발채)에는, 제수에 올릴 어포보다 초등학교 다니는 막내에게 주려고 큰마음 먹고 장만한 파란 새 책가방이 더 눈에 띈다. 이제 그 친구도 다음 주부터는 책보 대신 새 책가방을 메고 학교에 오겠구나.

---

2 감(고욤)흙이 많은 밭 또는 감나무가 많은 감나무 밭으로 해석된다. '시전리'라는 행정명을 가진 마을은 옛 지명이 감밭인 경우가 많다.

장터, 사는 사람이 파는 사람인
먹거리 직거래 생태계

장터와 전통시장은 오늘날의 마트와 다르다. 읍내 사는 상인과 직장인들에게는 전통시장이 물건 사는 곳이겠지만, 농사꾼이 대부분인 면 단위 시골사람들에게 시장은 물건도 사면서 자신이 농사지은 먹거리를 팔아 '돈을 사는 곳'이었다.

이런 예스러운 직거래 구조는 시설재배 작목반이나 농협과 지자체 지역물류센터와 연계해서 대량생산이 이뤄지는 현대식 농업과 농업경영인들이 나타나면 사라질 법도 하다. 한데 아직도 소농과 노인층에서는 농사지은 먹거리와 산과 들에서 캔 나물 따위를 시장에 내다 팔고 돈을 사는 분들이 계신다. 이들 가운데는 매년 자신들이 키운 먹거리들이 나오는 시기에 바로 거래 가능한 나름의 단골을 확보한 분도 상당수 있다. 이런 직거래 먹거리는 지역민들과 외부 식당들에게도 일부 공급된다. 대면 직거래와 제철에 생산되는 먹거리 순환 구조는 현재의 로컬푸드 정책과 사업들이 실현하려는 이상적인 모습의 원류가 아닌가.

수도권의 시장과 도시 규모가 대한민국의 절반을 차지하는 오늘날, 서울에 있는 대규모 청과물 시장인 가락시장과 각 지역별 광역시와 도에 있는 청과도매 시장에서 먹거리 매집買集이 주로 이뤄진다. 규모로 본다면 전통적인 지역 먹거리의 직거래는 거의 실종되었다고 봐야 한다. 비교적 작은 규모의 생활장인 조장[3]이나 면 단위 수준의 소장[4]은

---

[3] 충남 지역에서는 아침마다 열린다 하여 '조장'으로 불렀다. 광산촌처럼 출퇴근 길목에 대여섯에서 여남은 명이 전을 길게 펴놓았다.

[4] '작은 장'이라는 뜻으로 우시장이 없고, 열흘장이나 보름장으로 열리는 경우도 많았다.

사라진 지 이미 오래다. 담양의 죽세공품 시장이나 성어기에 조기떼 등을 따라다니던 파시波市도 지금은 대부분 사라졌다.

하지만 새로 개척된 특화시장과 전통적인 지역 특산물시장들은 더러 남아 있다. 충남 논산시 연산의 대추시장은 몇몇 도매상들의 능력에 지역성이 결합하며 개척된 경우이고, 강경과 광천의 젓갈시장, 금산의 인삼시장은 여전히 건재하거나 쇠락하다가 부활한 경우다. 보령의 가공김시장, 서산 동부시장과 서천의 수산물시장, 예산 광시의 쇠고기 특화시장 등도 차별화한 지역 산물에 도매상과 전국으로 유통되는 화물·택배 등이 결합해 정착한 사례다.

그러나 이는 프로의 세계다. 또 하나의 지역자본에 의한 유통의 성공인 것이지, 농민들에게 고생한 만큼 제값을 돌려주는 거래와 동네 소비자의 편인 먹거리 순환 관계망이라고 말하기는 어렵다. 먹거리 직거래, 특산물의 유통, 로컬푸드의 온·오프라인 판로 개척, 이 세 가지는 얼핏 비슷해 보이지만 전혀 다른 물류 체계에 따라 전통시장과 로컬푸드 매장에서 따로따로 일어난다.

전통시장은 전통이라는 이미지에 걸맞은 차림과 변화도 있지만, 복잡한 유통 구조로 인한 외국산 농산물들의 불법 유통이 잊을 만하면 적발되어 신뢰를 잃고 있다. 게다가 대형마트와 인터넷 쇼핑몰 등 때문에 고객이 급격히 감소하고, 상인들의 고령화와 주차시설을 비롯한 동선의 불편함이 여전하다. 청결하지 못한 시장 관리에 더해 과거와 같은 개방성이 사라지고 몇몇 전문 상인들이 독점하는 점도 개선되어야 한다. 일방적으로 주어지는 지자체의 예산 덕에 시장의 외관은 번듯해졌지만, 실제 거래는 익숙함과 인맥으로 겨우 유지되는 것으로 보인다.

로컬푸드 정책에서 소외되어온
진정한 소농들을 위한 장터가 필요하다

로컬푸드나 푸드플랜이라는 정책을 통해 지역 먹거리를 지역에서 소비하거나, 도시 소비자와 직거래하는 활동이 기업형 생협이나 경쟁력 있는 유통시장과 결합하기도 한다. 하지만 아주 작은 규모의 소농과 시골의 소소한 텃밭을 운영하는 이들에게도 기회가 주어져야 한다. 작은 텃밭에서도 농사지은 이가 충분히 먹고도 많이 남을 정도로 상당량의 먹거리가 수시로 생산된다. 텃밭 먹거리에는 농민의 손길이 더 많이 가고 그만큼 애정이 어려 있다. 이렇게 귀한 먹거리들이 남아돌다가 두엄으로 버려지는 것은 너무 아깝다. 이 먹거리들을 사고팔 수 있는 직거래 장터가 열려 그 소중한 가치를 인정받아야 한다.

길가에서 자리를 펴고, 농사지은 먹거리들을 판매하시는 분들의 특징은 독립심이 매우 강하다는 것이다. 나이 들어서도 객지의 자녀들에게 의지하지 않고 스스로 자신의 생계를 책임지려는 모습은 그런 정신에서 나온 오랜 습관이다. 이분들이야말로 진정한 소농이라 할 수 있다. 하지만 이들은 항상 로컬푸드 정책에서 소외되어왔다. 로컬푸드가 포기하지 않고 챙겨야 할 소중한 직거래 통로로서, 이분들은 로컬푸드가 지향하는 직거래와 얼굴 아는 먹거리 판매의 상징이 될 수 있다.

세종시 장군면에는 이마트와 다양한 싱싱마트들이 가까운 곳에 새로 생겼고, 대중교통도 시내까지 잘 연결되어 있다. 그러나 아직도 주민들은 거리가 먼 공주의 산성시장을 이용하는 경우가 대부분이다.

> 마트는 당췌 뭐 물건 옆에 사람두 읍쓰니께 뭐 물어볼 수나 있간디?
> 돈 내는 디(캐시어 박스) 가문 꺼꾸루 지덜이 뭐라구 자꾸 물어봐유.

가던 디 가야 보던 얼굴도 보고 좋지. 세종 이마트는 ○○집 국수두 읍써. 그러구 우덜 게(철물점, 종묘상 등) 읍써. 장이야 사람 만나러 가는 재미지.

필자가 인터뷰한 장군면 하봉리 주민들 20여 분은, 제사보다는 젯밥에 더 관심이 많다고 하신다. 전통시장에 가야 반가운 얼굴을 만날 수 있다. 파는 먹거리의 질도 중요하지만, 일주일에 한두 번 장터 구경하고 아는 이들과 수다 떨다 오는 것이 더 중요하다고 하신다. 전통시장의 장점과 로컬푸드의 지향이 만나는 사례는 없을까? 눈여겨볼 시도를 하고 있는 지역장터 몇 군데를 소개한다.

장흥의 어머니텃밭장터
오일장과 어르신텃밭 먹거리가 결합된 경우다. 처음에는 지역노점상과 지역특산물의 결합을 주 개념으로 시작해서 나중에 텃밭까지 결합했다. 2005년부터 토요텃밭장터가 매주 열리고 있다. 지역 할머니들이 직접 기른 먹거리들을 들고 나와서 판매한다. 농민 가운데에서도 약자인 지역 고령 소농들에게 소소하지만 지속적 혜택을 줄 수 있다고 한다. 최근에는 지역 특산물인 키조개와 한우·표고를 결합한 삼합 상품도 기획해서 판매 중이다. 지금은 널리 알려져서 전통시장과 원윈하는 구조라고 한다. 오전 아홉시부터 오후 네시까지 할머니들은 군에서 만들어준 명찰을 걸고 먹거리를 판매하는 등 제도권 행정이 결합된 측면이 있는 사례인지라, 현장에 가보아야 허와 실을 확인할 수 있겠다. 하지만 꽤 오랫동안 안정적으로 운영되고 있다니 함께 공부해볼 만한 사례라고 생각한다.

하신리 마을장터

마을장터와 어르신텃밭이 결합한 경우다. 하신리 마을 주민들로 이뤄진 '달콤하신'이라는 협동조합이 주관해서 매주 장터를 연다. 할머니들이 농사지은 먹거리들을 판매하는데, 매주 알찬 용돈벌이에 재미를 느끼시는지, 참여자의 현황이나 판매 먹거리 종류와 양이 조금씩 늘고 있다. 그러나 마을 주민들 중에는 대전 인근의 전문직 은퇴자나 의식 있는 활동가 출신이 많아서, 기술과 자본 면에서나 자체 소비와 개인 구매력 등이 여느 농촌 마을들과는 사정이 다르다. 마을 내에서 선주민 할머니들이 농사짓고 만든 먹거리를 귀촌인들이 중간에서 관리하고, 구매와 소비까지 자율적으로 일어나는 바람직한 구조이지만 일반화하기는 어렵지 않을까 싶다.

지리산 나드리장터

구례 산동 나드리시장이라고도 불리는데, 오일장과 로컬직매장과 예술공방이 결합한 경우다. 다원적 가치를 지향하는 장터라고 한다. 개인적으로는 전문 예술인과 공연이 결합하는 형태의 난장보다는 중고시장 형태의 난장과 결합하는 것이 더 자연스럽다고 생각해왔다. 과연 지리산 나드리장터는 어떤 모습일지 궁금하다. 그리고 난장이라도 운영 주체와 생산 농민들과의 안면 있는 관계가 중요하겠다.

청양의 달빛마켓과 별자리야시장

중고시장과 예술공연, 토요텃밭장터를 결합한 경우다. 사회적경제 네트워크가 지역 문화단체 및 마을만들기센터와 연합하여 성장했다. 지역 먹거리와 수제품 판매, 누구나 참여하는 열린 무대와 초청연주, 나누어 쓰는 벼룩시장이 결합하여, 문화장터로서의 색깔을 강하게 띤다. 일회용품을 전혀 쓰지 않는 등 친환경적 운영도 돋보인다. 달빛마켓 운영은 지자체가 점차 그 영향력과 필요성을 인정하면서, 지역의 대표 마을장터의 모습을 만들어가는 중이다.

텃밭장터 활성화가 필요한 이유

친환경이나 유기농을 표방한다 해도, 대규모 도매 시장과 복잡한 유통 경로를 통해 소비자에게 판매되는 경우는 우리 농민들에게 직거래보다 좋은 조건이 될 수는 없다. 그리고 지자체 직영이나 일부 지역 로컬푸드 협동조합의 경우는 어느 정도 규모와 품종에 따른 인증을 받아야 한다.

 다품종 소량 재배의 경우 종목마다 까다롭고 복잡한 친환경이나 유기농 인증을 받기 쉽지 않다. 게다가 기상 이변과 농사 일정상 급히 내놓아야 할 텃밭 먹거리들도 있다. 이런 경우 일반적 유통 경로가 제 역할을 하기 어렵다. 조합원으로 가입해 있어야 하거나 미리 계약이 되어 있어야 하는 식으로, 절차가 까다롭고 경직되어 있기 때문이다. 이보다 좀 더 쉽고 친숙하고 자유로운 시장이 필요한 상황도 있다.

 상설시장이나 로컬푸드 매장처럼 유통 전문가들의 시장이 아닌 아마추어 소농들이 주도하는 정기적 난장은 꼭 필요하다. 이런 시장은 처음 소규모의 농사를 시작한 초보 농민들에게 못생긴 농산물과 적은 양의 농산물도 팔아서 수익을 내는 판매 통로를 열어줄 수도 있고 청년농민들의 판매 실험 공간으로서의 역할도 훌륭하게 해낼 수 있다.

 그동안 여러 동네와 관광지와 시장의 난장에서 작은 돈이라도 된다면 먹거리를 들고 나오시는 할머니들의 열성은 분명히 보였다. 이런 고령 및 청년 소농들이 한 마을에 살고, 다섯 분 열 분씩 어느 정도 조직만 가능하다면, 일정 규모가 가능해지고 지원할 명분도 생길 것이다. 기존 전통시장에서 다시 장사하는 농민들에게 1평 좌판을 확보해 드리고, 농민부보상[5]단을 조직할 수도 있지 않을까? 지역을 위한 경제로서 작은 먹거리 순환 경로가 하나 더 생기기를 희망한다.

---

5 일제강점기 이후 보부상이라는 단어가 행정문서 등에 쓰이며 일반화되었으나, 조선시대 문헌에는 부보상이라는 표현이 많으며, 옛 어르신들은 부보상이라는 명칭을 더 많이 썼다. 필자는 부보상이라는 표현을 즐겨 쓴다.

변두리의 성찰과
모험의 윤리

정민철
『마을』 편집위원,
협동조합젊은협업농장 상임이사

성찰은 자신이 어떤 구조적 제약 속에 있는가를 아는 겁니다… 자신의 조건에 대해 성찰한다는 것이 쉬운 일이 아닙니다. 간혹 불평과 성찰을 혼동하는 사람도 있는데, 이 둘은 천양지차입니다. 불평은 갇혀 있다는 자기의식은 생겼지만 벗어날 수 없거나 벗어나려고 하지 않을 때 나타나는 거죠. 어떤 면에서 불평은 절망에서 나옵니다. 혹은 스스로 근본적인 질문을 던지는 것을 두려워하기 때문이기도 하죠. 예컨대 난 왜 공부하는지, 왜 이렇게 살고 있는지에 대한 물음을 던지려고 하지 않습니다. "처자식 먹여 살리려고" 공부한다거나, "한번 떵떵거리며 기 펴고 살려고" 공부한다고 내뱉는 사람들은 별로 문제가 안 됩니다. 그나마 솔직하니까요. 뭔가 그럴듯한 포장으로 꾸며내 정당화하는 사람들이 문제지요.[1]

성찰은 참 어렵다. "전체적인 삶의 풍경이나 지평을 그 안에 묻혀서

---

[1] 고미숙 외, 『인텔리겐차』(푸른역사, 2002), 174쪽. 대담자 장석만(종교문제연구소)이 '성찰'에 대해 설명한 부분이다. 이하 이 글에서 인용 부분은 모두 같은 책에서 장석만이 이야기한 부분들이다.

보는 게 아니라 밖에서 보는 눈이 필요"하기 때문이다. 보통사람이 특정한 틀(단체) 안에서 살아가면서, 틀 바깥에서 바라본 풍경을 통해 틀 자체의 구조적 제약을 알아차리는 일은 그리 쉽지만은 않다. 마을을 찾아오는 외부 연구자들을 귀찮아하는 사람도 있지만, (필자가) 적극적으로 반긴 이유가 여기에 있다. 필자의 성찰 능력이 부족하니 마을 바깥의 연구자들 눈에 비친 우리의 풍경을 통해서 지금 우리의 문제를 알 수 있지 않을까 하는 기대 때문이다. 물론, 외부자는 내부의 깊은 곳을 들여다볼 수 없기 때문에 겉모습만을 설명하는 한계가 어쩔 수 없이 있다. 그러다보니 '외부자는 우리를 알지 못한다'는 논거를 통해 (아무런 성찰도 없이) '내부자만이 변화의 중심이어야 한다'는 일견 그럴듯한 주장으로 옮겨가고, 결국에는 체계를 정화하는 힘을 잃어버리고 퇴락하는 경로를 밟게 된다. 보통사람 수준에서는, 자신이 포섭된 틀을 벗어나야만 자신이 갇힌 제약을 볼 수 있다. 물론 그 틀을 벗어나 또 다른 틀 속으로 들어간다면, 단지 새로운 구조적 제약 속에서 이전의 구조적 제약을 논하는 것에 불과하다. 이것은 성찰이 아니라 비난에 가깝다. 새로운 구조적 제약이 이전보다 열악한 현장에 가까운 곳이라면 그런대로 성찰의 가능성은 높아진다. 여기에 변두리, 가장자리의 위력이 있다.

또는 좀 더 성실한 사람이라면, 판단과 결정의 시간이 한참 지난 뒤 이전의 시간을 세밀하게 짚어보면 당시의 구조적 제약이 조금은 보이는 경우가 있다. 즉, 성찰이 가능하다는 것이다. 그 시간은 10년 뒤일 수도 있고 40년 뒤일 수도 있다. 시간이 지난 뒤에야 구조적 제약이 보이는 이유는, 감정적 판단이 사라졌기 때문이거나 단지 자신의 역할이 바뀌었기 때문일 수도 있다. 또는, 시간이 지나 지금의 "상식화된 생각에 근거하여 과거를 회고적으로 바라"보는 것일 가능성도 크다. 이러한 회고적 태도는 현재의 구조적 제약을 파악하는 성찰력을 키우는 것을 도리어 불가능하게 한다. 참 어렵다. 현재의 구조 안에 머물면서도 자신이 머물고 있는 그 구조의 제약을 알 수 있으려면, 즉 당장의 성찰을 통해 그 제약의 바깥을 모색하는 무엇인가를 시도할 수 있으려면, 안과 바깥 사이의 간극을 견디며 긴장을 유지하는 상당한 노력과 지구력이 필요하다. 그것보다 더 필요한 것이 있다. 바로 비난과 비판이 가득한 주변의 눈초리와 목소리들 속에서 묵묵히 견디는 인내력이다. 왜냐하면 그런 노력과 지구력은 주변 사람들로부터 고집스럽고 허황하다는 비난을 받기 딱 좋기 때문이다. (물론, 고집스럽고 허황된 사람이면 모두 성찰하는 사람인가라는 반문도 해야 한다.)

> 여기에 상당히 위험한 요소가 있습니다. 파시즘 체제나 낭만주의에 기초한 반동들도, 사실은 근대적 삶을 극복해야 한다는 문제의식에서 출발한다는 거잖아요. 그래서 여기는 굉장히 신중해져야 하는 대목이죠. 그러니까 다른 삶을 생각하는 상상력의 모험 속에는 자연히 긴장이 생기게 됩니다. 뭔가 새로운 가능성을 찾아 헤매는 거죠. 여기에 안주할 수는 없으니까요. 이런 긴장의 자세를 유지하면서 기존의 분류체계를 허물어뜨리는 작업을 한다는 건 쉬운 일은 아닙니다. 하나로 제시할 수 있는 구체적인 해결책은 없고, 다만 이런 '모험의 윤리'를 지니고 구체적인 문제에 부딪히는 것뿐입니다(같은 책, 127쪽).

성찰을 통해, 틀 지어진 삶의 지루함이나 비루함을 못 참겠다고 뛰쳐나가 새로운 길을 찾는 것은 매우 위험한 일이다. 그 길이 '모험'이 아니라 명징할수록 더 위험하다. 안주할 수 없어 뛰쳐나왔으나, 다양성이 기본인 모험을 시도하지 않고 또 다른 안정을 찾기 바쁜 경우도 허다하다. 또 다른 안주는, 애초에 '모험'을 시도했지만 그 모험과 대치되는 안정된 상태를 만들어가려고 욕망하고 집착하면서 비롯된다. 안주를 위해서라면, 명확한 방향과 이론을 받아들이거나 시대적 유행을 따라가는 게 제일 쉽고 빠르다. 이런 태도는 상상력의 모험에 필요한 '긴장'과 '불안'을 해소해버린다. 결국 모험은 사라지고 당위만 남게 된다.

성찰을 통해 현재의 문제(구조적 제약)를 극복하는 일은, 그 많은 ~이즘ism과 이론을 추종하는 실천을 통해 단지 혼자만 정의로워지는 것이 아니다. 안주하지 않는 것, 긴장의 자세를 유지하는 것, 상상력을 가지는 것, 찾아 헤매는 것 등으로 표현되는 "모험의 윤리"를 따르는 태도로 지금 여기의 구체적 문제에 부딪혀야 하는 것이다. 구체적인 문제에는 하나의 정답이 있는 것이 아니다. 모험이 계속 필요할 수밖에 없다. 고집스럽고 허황되어 보인다는 것은, 성찰하는 사람을 바라보는 주변의 시각에 불과할 수 있다. 방향과 방법이 아니라, 모험의 윤리와 현재의 구체적 문제에 부딪히는 태도가 성찰 행위에는 반드시 필요하다.

마을에서 젊은협업농장과 밝맑도서관이 시작한 지 10년이 되어간다. 무엇을 기준으로 하느냐에 따라 시작점은 달라진다. 건물 준공 기준으로는 밝맑도서관 개관 10년이지만, 논의를 시작한 때 기준으로는 12년이 되고, 빚을 다 갚는 해를 기준으로 하면 시작한 지 이제 겨우 1년이다. 젊은협업은 논의를 시작한 때 기준으로는 10년이고 농사를 시작한 해 기준으로는 9년, 법인 창설 기준으로는 8년이다. 젊은협업과 도서관이 시작할 즈음 풀무학교는 개교 50년, 풀무학교 전공부는 10년을 넘기고 있었다. 도서관 건립 당시 '밝맑'이라는 이름이나 도서관 역할과 규모 등 다양한 부분에서 논쟁이 있었고, 젊은협업은 도대체 뭘 하려는 건가라는 의심에 찬 질문도 많이 받았다. 도서관이나 농업의 본디 기능이 무엇인지는 누구나 알지만, 시대에 따라 거기에 붙는 수식과 욕망은 변한다. '작은', '마을' 등 도서관 앞에 다른 말을 붙여 색달라 보이는 기능을 부여하지만 그 색다름 역시 지나가는 유행처럼 이내 고루해지고 만다. 농장도 먹을거리를 생산하는 본래 역할에 '친환경', '사회적' 등 새 단어를 붙여 달라 보이는 기능을 나열하다가 결국 '새로운 정책사업'으로 쉽게 고착된다. 10년 즈음을 지나며 행사를 준비하자는 제안도 있다. 하지만 그보다 먼저 할 일은, 농장이건 도서관이건 만들던 당시에 지녔던 '모험의 태도'를 다시 부여잡고 근본적으로 성찰하는 것이다.

> 자신이 어떤 방식으로 묶여 있는가를 알게 되면, 어떻게 벗어나야 하는지에 대한 감도 생기게 되겠죠. 저는 명확한 비전이 선행되고, 그다음에 벗어나려는 시도가 생긴다고 보지 않습니다. 우선 몸으로 꿈틀거리는 몸부림이 선행되고 그 다음에 더듬더듬 방향을 잡아가는 거죠. 성찰 작업과 새로운 방향 모색은 서로 뗄 수 없이 붙어 있어요(같은 책, 174쪽).

'옳음'이나 '정의로움'을 위해 도서관은 특정 기능을 해야 한다는 유행 같은 주장들 속에서, 농업이 '사회적농업'으로 규정되면서 주어지는 구조적 제약 안에 갇힌 채로, 그저 '새' 비전을 제시할 일이 아니다. 꿈틀거리는 정도의 미약한 몸부림을 통해 더듬더듬 방향을 찾아가는 새 여정을 다시 시작할 때다. 농업과 농촌의 지속을 위해 쉼없이 근본적인 방향을 모색해온 풀무학교의 긴 여정 속에서, 마을에 있는 뻔한 단체가 해야 할 일이 무엇인지 찾아가는 성찰과 모험의 여정을 말이다.

*이 글은 밝맑도서관 소식지 39호(밝맑도서관, 2021년 9월)에 게재한 원고를 수정·보완한 것임을 밝혀둔다.

깊은 골짜기의 연풀

김하광

지상천사

〈과객過客—부모님의 연필〉, 연작 7점,
2020~2021, 한지에 연필, 각각 77×48cm, 가로로 긴 절첩은 각각 25.3×144cm.

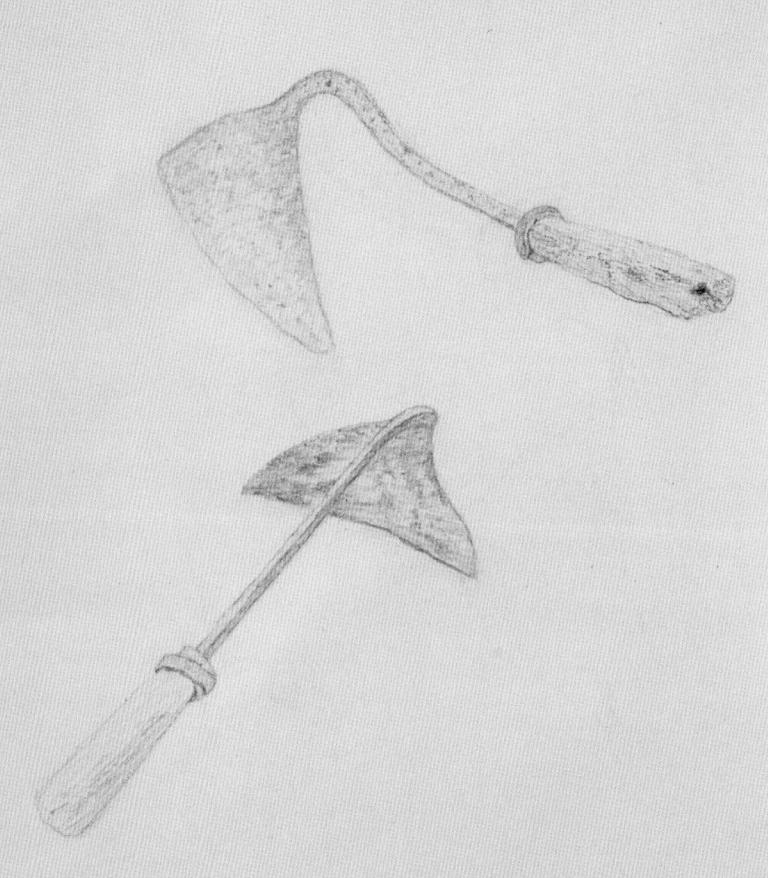

아버지 언니의 연필
2020년 시월 찬긴,
김황 감남
서실

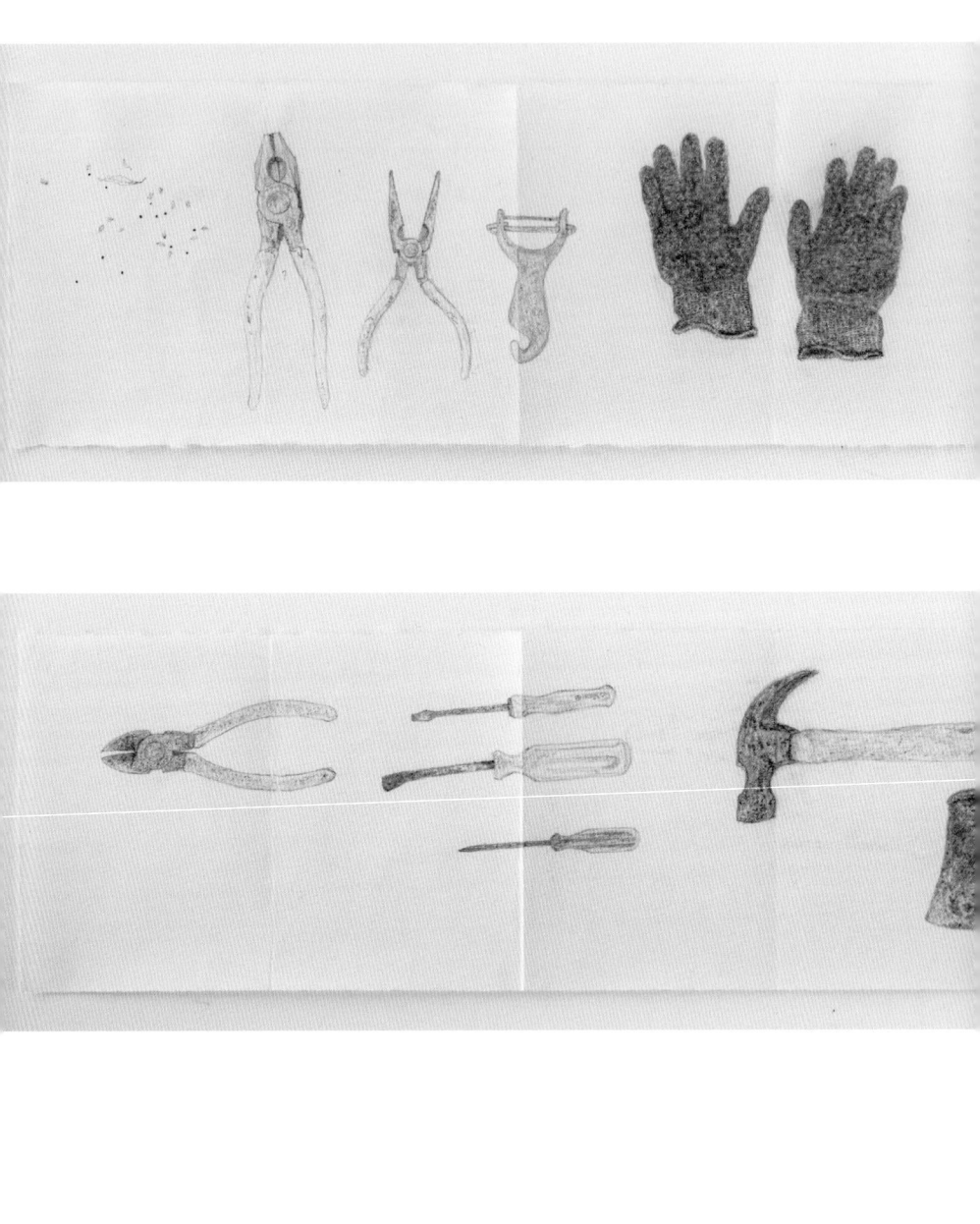

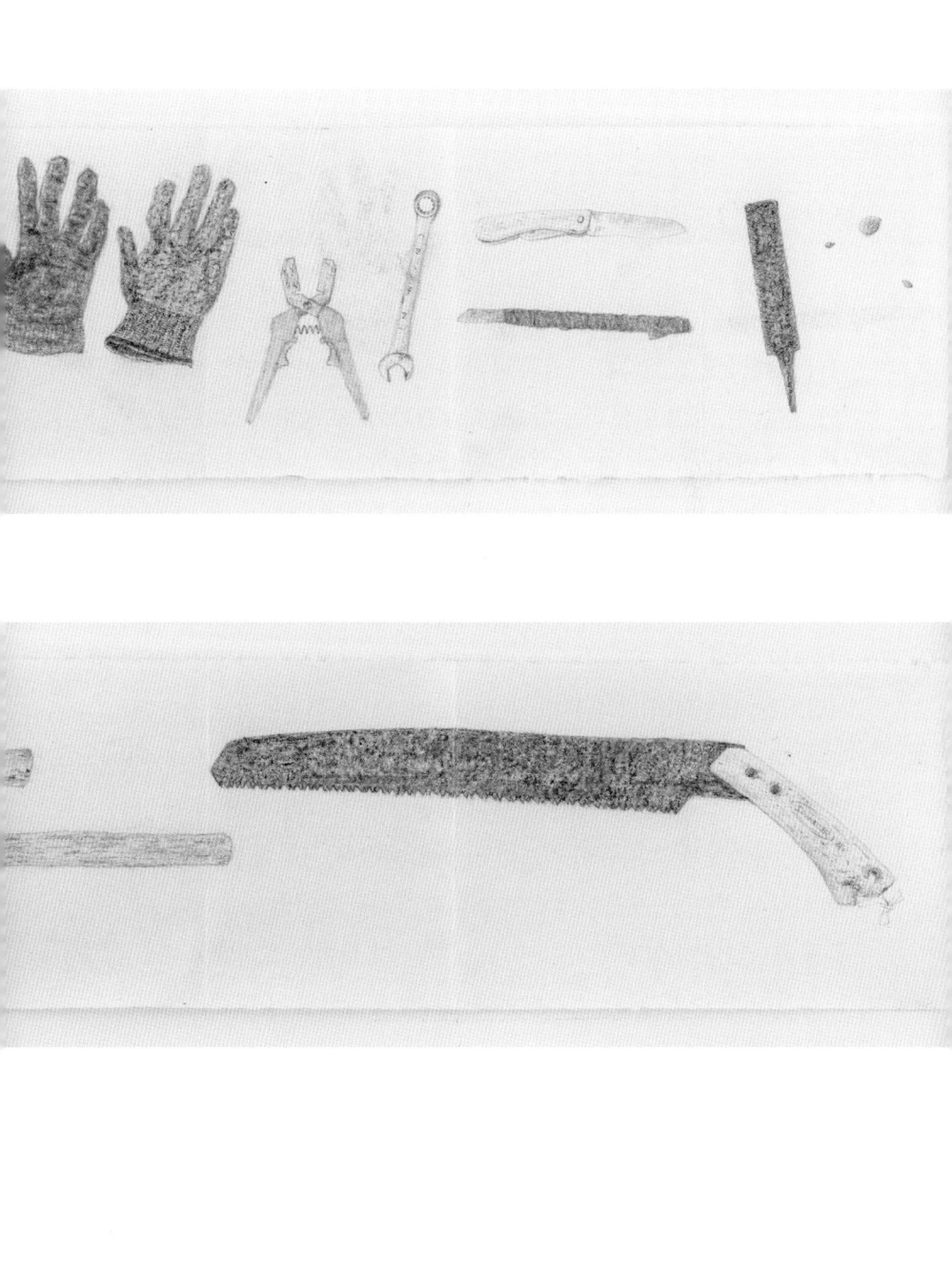

파문

김학량
작가, 전시기획자

나나 그대나 모두 지나간 세월이 남긴 유물遺物 아닌가. 우리가 처하는 새로운 순간, 새로운 자리는 늘 이미, 누군가가, 무언가가, 있었던, 살고 간, 그런 자리이다. 여기·지금은 앞서 간 바람이 물려준 유허遺墟가 아닐지…….[1]

아버지가 3년 전에, 엄마는 3년을 더 앞서서, 두 분 다 우리는 모를 먼 데로 가시었다. 두 분이 평생 농사지으며 연필처럼 쓰던 삽이며 괭이, 호미, 장갑, 톱 들은 인제 유물이 되었다. 나는 아무 상상력도 없는 사람처럼, 부모님의 그 유물을 가만히 들여다보고 어루만지고 쓰다듬으며, 하나씩, 공들여 그린다. 별난 수법도 안 쓰고, 달리 궁상스레 해명할 생각도 없이, 한지에다 목탄이나 연필로 다만 그린다. 한 점 한 점 그리는 동안에는 그 사물이 거느린 기억이, 시간이, 공간이, 삶이, 죽음이, 사랑이, 번민이, 웃음이나 울음이 나를 둘러싸고 가만 두드린다. 이 유물 하나하나엔 어떤 시간이 지나갔을까? 이 삽이며 호미에 스며있는 삶은 어떤 것일까? 이 쇠스랑이나 장갑을 통과했던 그 시간은 지금 어디쯤을 지나가고 있을까?

---

[1] 지상에 생겨나 나·너·그·우리·그들이 어디서 무슨 짓을 어떻게·왜 하며 살든지 간에, 그곳은 이미 "무언가, 언젠가, 있던 자리"(허수경, 「빙하기의 역」, 『누구도 기억하지 않는 역에서』(문학과지성사, 2016), 112~113쪽)임에 틀림없다.

평생 갖은 채소와 과일을 길러 생계를 꾸려온 우리 부모님에게 삽이며 호미, 괭이, 쇠스랑, 낫 같은 것은 두 분의 목숨이자 이념이며, 벗이다. 그 사물은 주인이 겪은 삶의 모든 고비, 볕과 그늘, 희로애락이 죄다 스미어 비로소 이루어진다. 그 사물은 모두 언어·문자·역사의 상상력을 뛰어넘는 특별한 법식法式을 통하여 한 인생의 색色·성聲·향香·미味·촉觸·법法을 가늠하게 하는 주물呪物로서, 침묵 속에서, 오로지 희미한 온기만으로 주인의 역사를 상상하게 한다.

엄마·아버지 유물을 하나하나 짚어보면 버려진 악기처럼 보이기도 한다. 악기도, 악보도, 연주자도 다 사라지고, 여기 남은 것이라곤 적막한 사물 그 자체. 또는 사물의 적막함뿐. 악보 없는—또는 악보를 잃어버린—음악.[2] 하지만 이 모든 것은 소리이다. 이 모든 것은 색깔이다. 이 모든 것은 길섶에서 나지막이 들려오는 역사이다. 모든 것은 스스로를 연주할 뿐 아니라, 그 앞에서 몸을 낮추는 모든 것의 마음도 연주한다. 그렇지 않다면 아무것도 아닐 그것은 어엿한 유물로서 소설이고, 시이고, 노래이다.

평생 밭에 엎드려 묵묵히 사셨지만 두 분은 부모 은공과는 다른 차원에서 나한테 스승이다. 엄마는 밭에서 배추며 알토란, 고추 등속을 어루만지며 연신 "아이고 얄태라! 어째든 요롷게도 이쁘냐, 고맙다~!" 했다. 산에만 가면 또 연신 흥얼흥얼 노래를 풀어놓았다. 십수 년 전 온 가족이 횡성 가리산 휴양림에 모여 하루 묵으며 논 적이 있다. 이튿날

---

2 서울 서초동 악기박물관에 진열되어있는 고대 악기를 만난 소설가 김훈의 심사: "연주법이 전수되지 않고 악보가 남아 있지 않아서 이제는 아무도 연주할 수 없는 그 악기들은 이루지 못한 몸의 꿈으로서 슬펐고 적막했으며, 적막 속에서 인간의 귀에 들리지 않는 선율이 울리는 듯싶었다." 김훈, 「강물이나 바람, 노을의 어휘 몇 개」, 『소설가로 산다는 것』(문학사상, 2011), 90~91쪽.

이른 아침, 저 먼 데서 노랫소리가 들려 소리를 더듬어 갔더니, 여기저기 진달래 불긋한 개울가 너럭바위에 양말까지 벗어놓고 가지런히 발 뻗고 앉아서 앞뒤로 몸을 끄덕끄덕하며 노랠 부르고 계셨다. "엄마, 무슨 노래를 그렇게 부르세요?" 하니, "야이야, 봐라, 온 산이 다 노래잖나!" 했다. 엄마의 몸은 그런 몸이었다.

그런가 하면, 아버지의 몸가짐은 달랐다. 이분은 흡사 어떤 몸의 그림자 같았다. 이를테면 태양의 그림자, 하늘의 그림자, 구름의 그림자, 또는 검붉은 땅의 그림자, 바람의 그림자. 해·구름·바람·땅이 움직이면 아버지도 움직였다. 때가 되면 밭을 갈고 때가 오면 씨를 뿌렸다. 태양과 땅에 속한 사람은 말을 잊고 자연의 때를 따른다. 다만 따를 뿐이다. 다만 따름으로써 얻을 뿐이다. 자연의 운행을 따른 궤적은 그대로 차곡차곡 육신에 쌓여 한 사람의 몸을 이룬다. 그 몸은 모든 법과 율과 격을 오직 바람과 땅과 구름과 하늘과 태양으로부터 얻을 뿐, 시속時俗의 언어로부터 지어내지 않는다. 그 몸은 언어의 집을 짓지 않는다. 그 몸은 해와 달과 바람과 구름과 땅이 그리는 회로回路를 흐르면서 오히려 언어를 해체한다. 그것이 아버지가 통과한 세상이다. 아버지의 몸은 세상을 짓지 않고 다만 통과할 따름이었다. 그랬다.[3]

엄마·아버지의 연필은 이젠 땅에 아무 무늬도 그리지 않는다. 하지만, 미동微動도 하지 않는 바로 그 자태를 통해 두 분의 연필은 사람의 마음에 파문波紋을 그린다. 가만히 그려지는 파문을 가만 음미하면 세상만사가, 만물중생이, 새삼스럽다. 바람도, 별도, 구름도, 귀뚜라미 노래도, 이즈음 풀잎 끝에 서서히 번져가는 누런 가을 기미도, 다 새삼스럽다.

---

3 엄마 아버지의 몸에 관한 이야기는 필자의 작품집 발문에서 가져옴.『그대에게 가는 길: 김학량, 지음의 업 1998~2017』(스노우맨북스, 2017), 278~280쪽.

특별기고

함성훈 덕의 회복과 공정사회 이론

덕의 회복과
공정사회 이론

함성호
건축가, 시인

인국공 사태의 충격

2017년 문재인 대통령은 취임하자마자 곧바로 인천국제공항(인국공)으로 달려가서 공공기관의 비정규직 제로시대를 선언하며 그의 공약을 지켰다. 당시 나는 문재인 대통령의 발 빠른 행보에 크게 고무되었다. 비정규직은, 김영삼 정부(1993~1998)가 신新 노사관계 구상에서 정리해고 합법화와 파견근로 등 노동시장 유연화 정책을 내놓았고, 당시 여당이던 신한국당이 1996년 12월 26일 개정된 노동법안을 통과시키며 본격적으로 우리 노동시장에 도입되었다. 그 후 1997년 외환위기를 맞으며 실업률이 폭증했고, 기업들은 개정된 노동법을 이용해 비정규직을 크게 늘렸다. 더군다나 이 악법을 가장 먼저 악랄하게 이용한 주범들이 바로 외환위기의 주범인 대기업과 금융기관이었다는 어이없는 사실은, 한국 노동시장의 미래를 아주 정확히 부정적으로 예측할 수 있게 만들었다. 그로 인해 2020년 8월 대한민국 노동 활동 인구의 약 40% 가량이 비정규직 노동자가 되었다. 이들에 대한 기업의 불합리한 처우는 낮은 임금, 혹독한 근무 조건, 과도한 업무, 차별적 시선,

불안정한 신분, 때로는 목숨을 건 노동으로 한국사회를 '지옥Hell'로 몰아갔다.

1995년 김영삼 정부가 계획경제를 사실상 포기하기 전만 해도 한국경제는 성장과 분배라는 두 마리 토끼를 한꺼번에 잡은 드문 경우였다. 중소기업과 대기업의 임금격차는 그리 크지 않았고, 당시 일본처럼 평생직장은 아니라 해도 고용은 안정되어 있었다. 그런 기반에서 중견사원들은 창업을 했다. 1980년대만 해도 대학을 나와 공무원을 지망한다는 것은 야망이 없어 보이는 선택이었다. 그런데 외환위기 이후 우리 사회가 급변하면서 고용 불평등과 비정규직 문제가 수면 위로 떠올랐다. 이러한 때에 문재인 대통령의 비정규직 제로시대 선언이라는 행보는 우리 사회의 모순을 하나씩 해결해보겠다는 의지로 비쳤다. 그러나 현실은 너무나 뜻밖이다 못해 어리둥절하기까지 했다. 이구동성으로 환영받을 줄 알았던 이 행보는 여러 이익집단의 아귀다툼을 불러일으켰다.

먼저 정규직의 반발이 있었다. 2017년 당시 인국공은 비정규직 고용이 84.2%로 세계적으로도 유래 없는 고용구조였다. 숫자로 보면 총 1만 5,000여 명의 직원 중 정규직이 1,260명에 불과했다. 1만 명이라는 압도적 숫자가 정규직으로 전환되면 기존 정규직 노조의 주도권이 위협받을 것에 대한 불안감이 작동했던 것이다. 여기에 임금인상 문제가 뒤따랐다. 비정규직 노조는 정규직으로 전환되면서 임금인상을 요구했다. 자신들이 속한 용역업체에 지급되는 비용 전체를 임금으로 보전해달라는 요구였다. 원래 비정규직 당시에는 용역업체가 중간에서 수수료를 받았는데, 그것이 없어진 만큼 용역업체에게 나가는 수수료를 임금에 얹어 더 달라는 것이었다. 그러다 2020년 비정규직 보안검색대 요원 1,900명이 정규직으로 전환된다는 소식이 들리면서 문제는 커진다.

비정규직 문제를 해결하기 위한 당연한 수순이 의외의 곳에서 반발을 낳았다. 진원지는 취업준비생들이 모여 있는 노량진 고시촌이었다. 공기업 취업은 대기업보다 선호될 만큼 꿈의 직장이라 한다. 그중 인기 1위가 인국공이었다. 보안검색대 요원은 그중에서도 문턱이 낮아 많은 취업준비생의 목표가 되었다. 돈 들여 학원에 다니며 밤새 공부했는데, 그런 노력도 안 한 비정규직이 정규직으로 전환되어 자신들의 목표를 손쉽게(?) 취득하자 취업준비생들은 박탈감으로 책을 덮고 거리로 나섰다. 여기에 그 부모들이 가세한 것은 당연한 일이었을 것이다. 급기야 공기업의 비정규직을 정규직화하는 것을 멈춰달라는 국민청원이 급물살을 탔다.

문재인 대통령은 인천공항으로 가기 며칠 전 취임사에서 이렇게 말했다. "거듭 말씀드립니다. 문재인과 더불어민주당 정부에서 기회는 평등할 것입니다. 과정은 공정할 것입니다. 결과는 정의로울 것입니다." 그리고 그는 이 말을 실현하기 위해 인국공으로 갔다. 그 결과 취준생들은 기회의 균등이 박탈되었다고 주장하고, 비정규직과 정규직은 과정이 공정하지 못하다고 농성하고, 사회는 과정이 공정하지 못하므로 비정규직을 정규직으로 전환하는 것은 정의가 아니라고 하고 있다. 물론 이렇게 잘라 말할 수는 없다. 거기에는 이익집단 각각의 집단 논리가 작용하고 있다. 비정규직을 정규직으로 전환하는 것만이 능사가 아닐 수도 있다. 비정규직이란 제도를 유지하며 그 처우를 개선하고 해고당했을 때를 대비해 사회적 안전망을 촘촘히 할 수도 있을 것이다. 그러나 좀체 그런 논의는 보이지 않는다. 각자 자기 울타리 안에서 제 논에 물대기 식의 공정과 균등과 정의를 얘기한다. 어디서부터 무엇이 잘못된 것일까?

선한 포도밭 주인은 공정한가?

『성경』의 기록을 보면, 그 시대에도 공정의 문제에 관해서는 꽤나 다양한 의견이 있어 그 정의가 쉽지 않았던 모양이다. 「마태복음」 20장에서 예수는 다양하게 나뉜 이익집단들에 대해 다음과 같은 비유로 하늘나라의 공정에 대해 이야기한다.

하늘나라는, 자기 포도밭에서 일할 일꾼을 고용하려고 이른 아침에 집을 나선, 어떤 포도밭 주인과 같다. 그는 하루 품삯을 한 데나리온으로 일꾼들과 합의하고, 그들을 포도밭으로 보냈다. 또 아홉시쯤에 나가서 보니, 사람들이 장터에 빈둥거리며 서 있었다. 그가 그들에게 말하기를 "당신들도 포도밭에 가서 일하시오. 적당한 품삯을 주겠소"라고 하였다. 그래서 그들이 일을 하러 떠났다. 주인이 다시 열두시와 오후 세시쯤에 나가서 또 그렇게 하였다. 오후 다섯시쯤에 주인이 또 나가 보니, 아직도 빈둥거리는 사람들이 있어서, 그들에게 "왜 당신들은 온종일 이렇게 하는 일 없이 빈둥거리고 있소?" 하고 물었다. 그들은 "아무도 우리에게 일을 시켜주지 않아서, 이러고 있습니다"라고 대답하였다. 그래서 주인은 "당신들도 포도밭에 가서 일을 하시오"라고 말하였다. 저녁이 되어, 포도밭 주인이 자기 관리인에게 말하기를 "일꾼들을 불러, 맨 나중에 온 사람들부터 시작하여 맨 먼저 온 사람들에게까지, 품삯을 치르시오"라고 하였다. 오후 다섯시쯤부터 일한 일꾼들이 와서, 한 데나리온씩을 받았다. 그러니 맨 처음에 와서 일한 사람들은, 은근히 좀 더 받으려니 하고 생각하였는데, 그들도 한 데나리온씩을 받았다. 그들은 받고 나서, 주인에게 투덜거리며 말하기를 "마지막에 온 이 사람들은 한 시간밖에 일하지 않았는데도, 찌는 더위 속에서 온

종일 수고한 우리와 똑같이 대우하시는군요"라고 하였다. 그러자 주인이 그들 가운데 한 사람에게 말하였다. "친구여, 나는 그대를 부당하게 대한 것이 아니오. 그대는 나와 한 데나리온으로 합의하지 않았소? 그대의 품삯이나 받아가지고 돌아가시오. 그대에게 주는 것과 꼭 같이 이 마지막 사람에게 주는 것이 내 뜻이오. 내 것을 가지고, 내 뜻대로 할 수 없다는 말이오? 내가 선한 것이 그대 눈에 악이오?" 이와 같이, 나중에 된 자가 먼저 되고, 먼저 된 자가 나중에 되리라.[1]

포도밭 주인이 각각 다른 시간에 시장에 나가서 인력을 고용했다는 것은 포도밭에 동원된 노동자들의 노동 시간이 제각각이었음을 뜻한다. 그리고 그 모든 이에게 한 데나리온씩 주었다는 것은 '동일 노동량에 동일 임금'의 원칙을 위반한 것이다. 기록에서, 먼저 온 품꾼들이 불만을 얘기하는 것은 당연하다. 포도밭 주인은 분명 이 불만을 예상한 것 같다. 임금을 줄 때 보란 듯이, 나중 온 품꾼들부터 셈(한 데나리온)을 치르면서 그것을 목격한 먼저 온 품꾼들에게 자기는 그들보다 더 오래 일했으니 더 (최소한 한 데나리온 이상) 받을 것이란 기대를 품게 만든다. 이것은 분명 의도된 상황이다. 만약 포도밭 주인이 먼저 온 품꾼부터 품삯을 지불했다면 그들은 나중 온 자들이 자기와 같은 임금을 받았다는 것을 모르고 집에 갈 수도 있었다. 그러나 포도밭 주인은 그렇게 하지 않았다. 노동 시간에 상관없이 모든 사람에게 한 데나리온씩 품삯

---

[1] 「마태복음」 20:1-16. 이 이야기에서는 사실 공정의 문제보다 당시의 시대적 배경과 그것을 개혁하려는 예수의 의지를 먼저 읽어야 한다. 당시 사람들은 믿음보다 율법과 형식에 얽매여 제물을 바치고 율법을 지키는 것으로 자신의 신앙을 증명했다. 예수는 여기에서 바른 신앙이란 그런 형식적 절차가 아니라고 강조한다. 그래서 율법에 얽매인 구태의연한 신앙을 가진 사람을 '먼저 된 자', 자신의 말을 따르는 새로운 사람을 '나중에 된 자'라고 말했다. 여기서 예수는 '먼저 된 자'를 부정하지 않는다. 그도 되긴 된다. 다만 '나중에 된 자'보다 오히려 더 나중에 될 뿐이다. 이처럼, 예수가 바리새파의 신앙을 인정하지 않은 것은 아니다.

을 치르는 것을 모든 사람이 알게 한 것이다. 포도밭 주인은 마치 공정하지 않다고 항의하는 사람에게 "이것이 나의 공정이다"라고 선언하는 듯하다. 그리고 거기에 저항하는 사람들과 싸우는 것도 피하지 않을 기세다. "내가 선한 것이 그대 눈에 악이오?" 이 말은 질문이 아니라, '내 공정의 이론에 따르면 너는 악이다'라는 규정에 가깝다. 그 이유는 신학적이다. 율법에 얽매인 형식적 신앙보다는 새로운 말씀에 따르는 것이 더 하늘나라에 가까이 갈 수 있다는 소식이다. 포도밭 주인은 자신의 방식을 협의하지 않고 통보한다. 통보 방식도 반대 의견을 가진 자에겐 좀 잔인할 정도다. 그러나 아무 상관이 없다. 이 이야기는 하늘나라의 법에 관한 이야기니 하나님의 뜻이 무엇인지가 중요하기 때문이다. 그러면 세속에서는 어떨까?

어쩌면 문재인 대통령은 순진하게도, 포도밭 주인과 같은 선함을 행하러 간다고 생각했을지도 모른다. 그는 대선 공약 중 하나로 공공기관에서 비정규직을 없앨 것이라고 천명했다. 그는 자신의 당선으로 '공공기관에서 비정규직 제로'가 이미 국민적 합의를 얻었다고 생각했을 수도 있다. 그리고 정의가 구현됐다. 그 정의의 결과는 다시 처음부터 공정의 문제고, 기회균등의 박탈이고, 독재라는 비난이었다. 선한 포도밭 주인은 졸지에 정규직·비정규직 할 것 없이 모든 품꾼들에 의해 시궁창에 내동댕이쳐졌다. 그리고 그는 그 시궁창의 바닥에서 저 위의 취업준비생들로부터 남의 미래까지 앗아갔다는 비난을 듣는다.

누구는 '합의한 공정만이 정의다'라고 얘기한다. 그러나 과연 어떤 일이 모든 이의 동의를 얻어서 합의될 수 있을까? 민주주의에서 합의는 다수결의 원리에 따라 소수가 배제되는 경향이 있다. 그럼에도 민주주의가 정의롭지 못한 제도라고 비난받지 않는 것은 소수 의견이 다수 의견에 승복하기 때문이다. 결코 모든 사람들의 동의에 의한 합의를 이끌어내기 때문이 아니다. 민주주의에서 다수 의견에 승복하는 소수는 힘이 약해서가 아니라 자기가 속한 사회의 규칙을 존중하기 때문이다. 그 존중으로 인해, 소수 의견은 언제나 다수를 견제할 힘을 가진다. 그렇기 때문에 다수 의견에 승복하는 것이다. 그렇다면 우리는 이제 공정한 사회가 정의로운 사회라고 말해서는 안 된다. 공정에는 전제가 있어야 한다. 그 전제는 기회의 균등이 아니라 존중과 인정이다. 합의는 모든 사람이 똑같은 의견을 내는 것이 아니라 서로 존중하고 인정하는 데 있다. 서로의 다름은 여전히 지켜지지만 서로를 인정하고 존중할 때 우리는 그것을 합의라고 한다. 지금 우리는 공정과 균등을 얘기하며 집단논리에 함몰되어 자기 의견을 잃고, 자신의 밥그릇만을 지키기 위해 전전긍긍하느라 민주주의의 가장 기본적인 원리를 망각하고 있다. 우리는 기회가 균등하지 않다는 것을 이미 알고 있다. 과정은 공정하지 못할 수도 있다. 그러나 정의로운 사회는 그것들로부터 나오지 않는다. 정의로운 사회는 언제나 존중과 인정에서 나온다. 공정이 정의로운 사회를 여는 원리라면 존중과 인정은 덕목이다. 덕목이 없는 원리는 생명이 없는 기계와 같다. 그것은 인간을 삼킨다.

평등·균등·공정·정의—덕의 상실

한반도는 지정학적으로 한랭전선과 온난전선이 마주치듯이 남방문화와 북방문화가 만나는 곳이다. 그래서 예부터 온갖 사상과 철학들이 난무하듯 충돌하고 융합했던 곳이다. 그로 인해 개념의 혼돈, 의미의 전도, 오해와 가치의 상실이 빈번하게 일어났고, 사이비와 근거 없는 비약과 교조성도 강했다. 평등이나 균등·공정·정의 같은 말들도 일정

부분은 중국에서 예부터 써왔던 것도 있지만, 그걸 번역어로 성립시킨 것은 일본이었다.

평등平等;equality, 균등均等;equity, 공정公正;fairness, 정의正義;justice. 일단 이렇게 네 단어들을 단순하게 살펴보자. 먼저 '평등'은 '모두 같다'는 의미다. '균등'에는 저울의 의미가 있듯이 '상대적으로 같다'는 의미다. 즉 무거운 물건을 저울에 올리면 반대편에 무거운 추를 얹어서 수평을 만드는 것이다. 가벼운 물건에는 가벼운 추가, 무거운 물건에는 무거운 추가 물건의 반대편에 있게 된다. '공정'은 '규범이나 규칙·제도에 어긋나지 않음'을 뜻한다. '정의'는 '바르고 올바름'을 나타낸다. 번역어지만 동아시아 한자문화권에서 쓰던 용례와 더불어 비교적 그 구별이 쉽다. 그러나 영어에서는 훨씬 복잡하다.[2] 공정의 문제에서 우리가 헷갈리는 것은, 저 모든 항목들이 우리에게는 다 공허하게 들리기 때문이다. 문화의 차이겠지만, 서유럽에서 신이라는 절대자 앞에서 하는 맹세나 계약은 반드시 지켜야 하는 것이다. 부득이한 사정이 있어 지키지 못할 때라도 그것은 회개를 통해 용서받아야 하고, 언젠가 다른 보상으로 갚음해야 한다. 그런 문화에서는 인간이 지켜야 할 원칙들이 중요하다. 그래서 그것들을 지키기 위한 장치를 만드는 데 집중한다.

'덕'으로 번역되는 그리스어 아레테arete는 '용감함, 훌륭함, 힘을 가지다, 씨를 뿌리다, 수확하다'라는 뜻을 갖는다. 라틴어로는, 힘, 즉 비르투스virtus를 뜻한다. 주로 '남자다움'과 연결되는 서유럽의 비르투

---

2   equity가 justice 대신으로 쓰일 때가 있는데 그럴 때는 '공정함'으로 번역되고, equality도 균등이란 의미로 쓰이기도 한다. 그럴 때는 '기회 균등'을 의미하고 시작의 평등과 과정의 평등, 결과의 평등, 모두를 아우른다. 그런가 하면 fairness와 justice는 종종 혼용된다. 또 그런가 하면, justice는 또한 fairness와 impartiality로 구분해서 설명하기도 한다. 이렇게 보면 justice가 모두를 아우르는 것 같지만 세세한 부분에서는 각각 다른 활용 의미를 가진다. 당연히 우리말의 번역어도 오락가락한다.

스는, 플라톤에 이르러 절제·용기·지혜라는 세 가지 비르투스와, 이 셋을 통합하는 네 번째 비르투스인 '정의'로 개념화된다. 우리는 비르투스를 덕德으로 번역하는데, 사실 일치한다고 보기는 어렵다. 영어 virtue(덕)의 어원이기도 한 비르투스는 '효용에 대한 추구'에 가깝다. 즉 '그것이 어디에 쓰이는가?', '그것은 무엇을 위한 것인가?', '그것의 본질은 무엇인가?'라는 질문들에 따라 구성되는 가치로서의 '~다움'에 대한 얘기다. 'virtue of bamboo'는 대나무의 덕이 아니라, 대나무의 효용을 뜻한다. 대나무가 몸에 좋은 것인지, 건축 재료로 적당한지 여부가 관건이다. 그러나 당나라 시인 백낙천白樂天은 대나무의 덕에 대해 「양죽기養竹記」에서 이렇게 말하고 있다.

대나무는 현명한 사람과 비슷한데, 왜 그런가? 대나무 뿌리는 단단하여, 단단함으로써 덕을 세우고 있다. 군자는 그 뿌리를 보면, 곧 뽑히지 않는 훌륭한 덕을 세울 것을 생각하게 된다. 대나무의 성질은 곧아서, 곧음으로써 자신의 몸을 세운다. 군자는 그 성질을 보고 곧 어느 편에도 의지하지 않는 마음을 세울 것을 생각하게 된다.

백낙천은 대나무의 특성을 통해 자신을 비추어 본다. 동아시아에서 덕은 도道, 즉 자연의 생기와 흐름을 체화하기 위해 거치는 일종의 문이다. 기독교로 말하면 예수를 통하지 않고서는 하느님 나라에 이를 수 없듯이, 덕을 통하지 않고는 도에 이를 수 없다. 그러나 서유럽의 비르투스는 제도 바깥의 인간은 상정하지 않는다. 오직 제도와 인간의 관계를 말한다. 그 외의 것은 이미 신이 해놓았기 때문일까?

정의·공정·평등의 문제가 우리에게 절실한 만큼, 오히려 그것들의 상호작용과 내적 충돌이나 다양한 입장들을 어떤 장치에 의해서 해결하려는 것이 인간의 힘으로는 불가능해 보인다. 어떤 뛰어난 개인이 나타나서 그것들을 해결하는 것도 두려운 일이다. 그것은 필시 독재가 될 터이니 말이다. 그것은 '법의 지배rule of law'가 아닌 '법에 의한 지배rule by law'가 될 것이다. 불행한 소식이지만 공정한 사회는 불가능할 수 있다. 그러나 공정이 좋은 사회의 유일한 조건은 아니다. 우리는 공정하지 않음을 알지만 나보다 덜한 사람들을 위해 양보하고, 공정한 경쟁을 거치고 우위에 섰지만 그것이 순전히 내 능력만이 아님을 안다. 부끄러움을 알고 겸손하다는 것은, 존중과 인정은, 이제까지 우리 사회의 많은 문제들을 해결해왔다. 지금 공정의 문제를 둘러싼 논란이 콩 볶듯이 요란한 것은 그런 덕목들이 사라졌음을 반증한다.

정말 그런가? 급진적 사회민주주의자들은 개인의 부존자원이라고 할 수 있는 물려받은 재산이나 선천적·후천적 자질, 소득, 그리고 운運의 평등화를 통해서 공정사회를 건설해야 한다고 주장한다.

진리가 사상의 체계에서 그렇듯이
정의는 사회제도의 첫 번째 덕목이다—롤스

미국인은 유럽을 떠날 때, 존 로크의 『통치론』 한 권만을 가지고 대서양을 건넜다는 루이스 하츠의 조롱은 지금 이루어지는 공정에 대한 논의의 유용한 배경이 될 수 있다. 말하자면 당시의 미국인은 로크의 자유주의 사상말고는 아무것도 아는 게 없었다는 것이다. 자유주의 외에 접한 사상이 아무것도 없었고, 심지어 로크가 신랄하게 비판한 로버트 필머의 왕권신수설이나 봉건주의에 대해서도 몰랐던 미국인들에게 자유주의는 사상이 아니라 현실 자체였다. 그래서 루이스 하츠는 미국의 자유주의를 영국과 구분해서 '비합리적 합리주의irrational rationalism'라고 불렀다. 미국인의 합리성에 대한 믿음은 합리적 이유에서라기보다는 맹목적이라는 것이다. 그래서 하츠는 미국을 자유주의 독재국가로 규정하고, 그렇기 때문에 거기서는 어떤 다른 사상도 자랄 수 없다고 비판했다. 미국의 자유주의는 영국에서 전파되었지만 원산지와는 다른 토양에 이식되면서 원산지에서의 역사적 변화를 거치지 않고 그 장소topos의 특이성으로 인하여 화석화된 것이다. 19세기 말에 이르면 미국의 자유주의는 자신의 모습을 지키기 위해 폭력까지 동원하는 것을 정당화하기 시작했고, 20세기에 들어오면 도리어 자신이 자유주의 사상의 원조임을 주장하게 된다.[3] 이 같은 상황에서 1971년 존 롤스의 『정의론』이 출간되면서 철학계에서 본격적으로 정의론이 논의되는 전기를 마련한다.[4] 롤스의 『정의론』에는 세 가지 원칙이 있다.

첫째는 '자유의 원칙'이다. 자유주의 사상밖에 몰랐던 미국인의 후예답게 롤스는 자유가 모든 이에게 평등하게 주어져야 함을 제1원칙으로 삼는다. 이 자유는 어떤 경우에라도 유예되거나 양도할 수 없다. 설혹 이 자유를 담보로 높은 경제적 생활수준과 더할 수 없이 만족스러운 복지를 구현한 사회가 있다고 해도 그 사회는 정의로운 사회가 아니다.

둘째는 '차등difference의 원칙'이다. 사회에는 한 인간이 타고난 자질 등을 비롯한 어쩔 수 없는 불평등이 있다. 또 그런 한계로 인해 나타나는 사회경제적 불평등이 있다. 롤스는 이러한 불평등은 수용하지 않는다. 그는 '가장 적게 가진(가장 불리한) 구성원들the least advantaged

---

[3] 최정운, 「미국의 자유주의: 롤스Rawls와 노직Nozick의 논쟁」, 『미국학』(서울대학교 미국학연구소, 1997), 제20집, 187~188쪽.

[4] 그러나 개인적으로 동아시아 한자문화권의 영향 아래 있고, 제도보다 인간과 인간의 관계에서 문제를 해결하는 오랜 전통을 갖고 있는 몽골계 여진족 조선인으로서는 그 의미를 선뜻 받아들이기 곤란한 점도 있음을 미리 고백한다. 그것은 "왜 팔을 꿰지도 않고 단추를 채우려 하지?"라는 의문이 떠나지 않기 때문이다. 더군다나 이것이 철학의 문제가 될 수 있다는 것도 석연치 않다. 철학이 이미 죽었다면, 그 장례는 아메리카에서 치를 것이다.

members'에게 사회경제적 이득을 주는 불평등만 수용한다. 이 불평등이야말로 정의다. 말하자면, 어떤 조건에서 '가장 불리한(적게 가진) 구성원'의 몫이 줄어든다면 전체 사회의 부가 증가한다고 해도 그것은 정의가 아니다. 물론 이 입장을 무조건 와, 하고 반길 일은 아니다. 의외로 당신은 '많이 가진, 유리한 사람'일 수도 있다. 그렇다면 왜 자신이 그런 차별을 받아야 마땅한지를 물어야 한다. 롤스는 타고난 자질에 대한 보상은 사회협동체가 아니면 불가능하다고 얘기한다. 그리고 그것은 누구에게서, 어디로부터인지 모르지만 자기 의지와 상관없이 주어지는 것이므로 '가진 자'가 그것을 통해 자신의 이익을 요구할 권리가 없다. 그래서 롤스는 타고난 자질을 공동적 자산, 혹은 집합적 자산으로 간주하고 그것을 공유할 방법을 찾는다.

여기에서 셋째, 공정한 기회균등의 원칙이 등장한다. 롤스는 불평등의 원인이 되는 사회적 지위나 부의 획득 수단이 모든 사람에게 균등하게 보장되어야 한다고 말한다. 그러나 기회가 균등하다 해도 현실적으로 많은 불평등이 일어나는 것을 방지할 수는 없음을 인정한다. 그는 그 불평등을 해소하기 위해 다시 차등의 원칙으로 돌아간다. 롤스의 이론에서 가장 아쉬운 부분이다. 롤스는 차라리 기회균등의 원칙에서 불평등의 원인인 지위나 부의 획득 수단이 아니라, 차등의 원칙에서 인정하는 정의로운 불평등의 조건들을 기회로 균등하게 보장했어야 했다. 그랬다면 기회균등의 원칙이 차등의 원칙에서 실현되어야 한다는 당위가 보장되었을 것이다.[5]

---

5 그러나 롤스는 셋째 원칙에서, 인정할 수밖에 없는 불평등을 나열하며 다시 차등의 원리로 그것을 해결하기 위해 세 원칙들에 우선순위를 정한다. 자유의 원칙이 최우선이며, 그 다음은 기회균등의 원칙이 차등의 원칙에 우선한다. 그렇게 해야 불평등을 차등의 원칙으로 해소한다고 본 것이다. 롤스의 '공정으로서의 정의justice as fairness' 논의가 자유와 평등의 대립을 조화시키는 이론을 제시한 만큼 이에 대한 비판도 다양하게 제기되었다.

시장은 그 자체로 정의다―노직

여러 설명이 필요 없다. 로버트 노직이 보기엔, 선한 포도밭 주인은 시장 질서를 어지럽히는 악이다. 노직은 롤스와 달리 개인의 권리와 그 권리에 대한 윤리 외에, 다른 어떠한 정의의 원칙도 부정한다. 그에 따라 인간은 자신의 재능과 노동력에 대해 절대적인 사유재산권을 보유하고, 당연히 그것을 사용할 절대적 권리도 갖는다. 따라서 개인이 어떤 재화를 정당하게 획득하고 이전(상속 같은 경우)했느냐가 문제지, 그 결과를 문제 삼아서는 안 된다는 것이다. 이 같은 자격이 있는 개인들이 모인 시장에서 이익과 손실을 부담하는 시장의 분배 방식이 공정하므로, 시장에서 특정한 분배나 재분배는 필요치 않다. 사회의 어떤 불평등도, 공정한 방식에 의해서 일어나는 것이라면, 그 불평등은 정의의 문제가 아니라고(아예 정의의 문제를 떠나 있다고) 노직은 보았다. 노직이 생각하는 국가의 기능도 이런 개인의 자유로운 행위가 제약받지 않도록 보호하는 것뿐이다. 노직의 정의는 '시장'의 정의다. 간단히 말해, 노직이 그린 인간은 (아이작 아시모프의 '로봇공학의 3원칙'을 닮은) 다음의 세 가지만을 지킨다. 첫째, 자신의 생명과 재산을 보호할 것. 둘째, 타인의 재산을 침해하지 말 것. 셋째, 앞의 두 원칙 외에는 관심을 끊을 것. 나머지는 시장이 알아서 함.

평등한 배려―드워킨

로널드 드워킨은 자유주의의 본질은 평등 추구에 있다고 보았다. 우리는 흔히 자유주의와 사회주의를 대비시키고 자유주의는 자유를, 사회주의는 평등을 추구한다고 생각한다. 그러나 자유주의는 사회주의를 포용할 수 있는 개념이다. 롤스와 노직은 둘 다 계약론적 관점에서 자유주의를 구성한다. 롤스는 권리를 인간의 본질적·도덕적 가치로서의 기본적 자유로 보고, 노직은 권리를 재산에 대한 취득 및 이전의 자유를 인정하는 사적소유권의 개념으로 본다. 반면 드워킨은 (롤스와 노직이 따르는 계약론적 전통과는 달리) 권리를 '동등한 배려equal concern와 존중의 권리'로서의 평등 개념으로 본다. 드워킨은 『자유주의적 평등』에서 이렇게 말한다. "우리는 평등에 등을 돌릴 수 있는가? 어떤 정부도, 통치한다고 주장하면서, 충성을 요구하는 시민들 모두의 운명에 대해 평등한 배려를 보여주지 않는 정부는 정당하지 않다. 평등한 배려는 정치공동체의 최상의 덕목이다. 그것이 없다면 정부는 오직 독재일 뿐이다." 여기에서 말하는 '평등한 배려'는 '사람들을 평등한 존재로 대우하는 것treating people as equals'을 말하며, 어떤 물품이나 기회를 '사람들에게 평등하게 분배하는 것treating people equally'과 구별된다. 드워킨은 '평등한 배려'라는 개념이 자유지상주의자들을 포함한 모든 자유주의자들이 추구하는 이념이 되어야 한다고 주장한다. 모든 시민을 평등한 사람으로 대우한다는 것은, 모든 시민을 자유롭고 독립적인 사람으로 대우한다는 것, 즉 동등한 존엄성으로 대우한다는 것이다.

드워킨은 '평등한 배려'라는 도덕적 원칙을 정치공동체 전반으로 확대하고, 각각의 사람들이 삶에서 이용할 수 있는 자원의 분배적 평등을 실현하기 위해 '선택choice'과 '운luck'을 구별하여 분배 체계에 반영한다. 그는 정치공동체 구성원의 선택이 반영된 분배 결과는 정당하지만, 운으로 인해 발생한 불평등은 부당하며 보상을 요구할 수 있다고 주장한다. 운평등주의자들의 이론에 따르면, 불평등이 개인의 자발적 선택에 의해 발생했다면 정당화될 수 있지만, 개인이 선택할 수 없는 여건이나 운에 의해 발생했다면 정당화될 수 없다. 즉, 사람들이 누리는 이익의 불평등이 그들의 자발적 선택voluntary choices에서 발생했다면 받아들일 수 있지만(즉 선택으로 인한 불평등은 인정하지만), 사람들의 여건circumstances 중 자발적으로 선택하지 않은 특성으로 인한 불평등이라면 부당하다. 여기서 선택되지 않은 여건에는, 타고난 능력이나 지적 능력처럼 자연적 요인뿐 아니라 가족의 계급과 부 같은 사회적 요인도 포함된다. 롤스는 차등의 원칙으로 '가장 불리한(적게 가진) 구성원'을 보호했다. 드워킨은 '가상보험'을 제안한다.

드워킨은 피할 수 없는 운에는 어떤 방식으로든 재분배가 이루어져야 한다고 주장한다. 갑작스러운 사고, 부득이한 실업, 나이가 들어 일할 수 없는 경우, 심지어 재능의 부족으로 소득 기반을 상실했을 경우, 정부가 그 피할 수 없는 운의 결과에 보상을 해야 한다는 것이다. 드워킨은 평등을 크게 자원resources의 평등과 복지welfare의 평등으로 나눈다. 자원의 평등은 '위험평등'을 말한다. 자신이 책임질 수 없는 환경으로 발생한 불평등을 해소하기 위한 소득 재분배, 즉 불가피한 여건에 둔감하기 위한 소득 재분배 정책이 분배의 기준으로 인정될 때, 여건의 평등은 위험평등의 성격을 지니게 된다는 것이다. 이런 맥락에서 가상보험 시장이 시작된다. 각 개인은 노동하는 동안 부여받은 자원 중 일부를 세금이라는 방법으로 사회에 맡겨둔다. 그리고 그 나머지를 개인의 삶을 위해 사용한다. 세금을 일종의 보험료로 보는 것이다. 그리고 보험료는 이후 예기치 못한 장애가 발생했을 경우, 의료복지 혜택이나 실업급여 등의 보험금이 지급된다. 이러한 보험시장의 보상을 통해 악운으로 발생한 문제를 사회가 해결해주는 것이다. 세금이 미래 보험금을 수령하는 자격으로서 기능한다면, 세금제도는 위험평등의 성격을 지니게 된다.

그렇다면 운이 좋은 사람들은 왜 이 보험에 가입해야 될까? 그것은 공동체의 의무다. 공동체의 의무는 우애적fraternal 의무이다. 재능과 환경적 운의 혜택을 부여받은 운 좋은 구성원들이 운이 없음으로 인해

준수한decent 삶을 영위하지 못하는 또 다른 구성원들에게 지는 배려의 의무이다. 결국 진정한 공동체는 공동체의 구성원이기 때문에 부담하고 또 요구할 수 있는 공동체적 의무와 권리가 성립되는 곳이다. 결국 존중과 인정이라는 덕목이 없으면 공동체는 성립하지 않는다. 이것을 제도와 구조로 해결하려는 한, 우리는 영원히 언어에 갇혀서 입속에 맴도는 말을 결국 뱉지도 못할 것이다.

자신이 가치가 있다고 판단한 삶을 사는 능력—센

아마르티아 센은 『불평등의 재검토』와 『자원, 가치, 발전Resources, Values and Development』 등의 주저에서 기본적 능력의 평등equal basic capabilities을 말한다.[6] 여기서 능력이란 개인이 가진 역량으로서의 능력이기도 하지만, 한 개인이 사회와 관계 맺으며 자신이 선택한 가치를 실현할 수 있는 '여건'으로서의 능력이다.

롤스, 노직, 드워킨 등의 정의론은 사회적 가치를 '자원'으로 간주하고 그것의 분배를 통해 인생의 목표나 복지를 향상시키는 데 초점을 맞춘다. 그런데 센은 (자원도 중요하지만) 사람마다 소유한 자원을 인생의 목표나 복지를 실현하기 위해 이용하는 능력이 다를 수밖에 없다는 현실에 주목한다. 자원이 공정하게 분배되어도 사람마다 그것을 이용하는 능력이 다르기 때문에 결과가 불평등할 수 있다는 것이다.

센은 자신의 정의론을 전개하기 위해 행위 주체로서의 인간을 전제한다. 어떻게 보면 당연한 생각이지만, 롤스가 인간을 '도덕적 능력

---

[6] 참조한 책에 있는 대로 '능력'이라고 적었지만, 센의 경우 때때로 '능력'과 '역량'의 뜻을 왔다 갔다 한다. 독자들이 문맥에 따라 능력을 '역량'으로 이해하는 놀라운 순발력을 발휘해주길 바란다. 이 글에서 센에 관한 논의는, 김문길·김태완·박창렬·여유진·우선희, 『기회의 불평등 측정에 관한 연구』(한국보건사회연구회 연구보고서, 2013), 47~51쪽을 주로 참조했다.

moral power'의 소유자로 간주하고 자신의 이익에 상반되는 가치판단과 행동을 선택할 수 있다고 본 것에서 한걸음 더 나아간다. 센이 전제하는 행위 주체로서의 인간은 아무리 도덕적인 개인이라 하더라도 순간순간 다른 선택을 할 수가 있다. 이 예측 불가능한 인간의 다양성을 무시하고 획일적 분배를 통해 평등을 이루는 것은 불가능하다. 따라서 센은 '정의로운 제도가 정의를 보장하지 않는다'고 생각한다. 인간은 동질적 존재가 아니다. 가치판단과 행위 동기뿐 아니라 사회적 특성에서도 다양성을 보이기 때문에 개인이 보유한 자원(유리한 점과 소득)을 이용해서 복지를 성취할 수 있는 자유나 능력이 서로 다를 수 있다. 이런 능력의 다양성으로 인해 기회의 균등이 불평등한 소득을 초래하거나, 균등한 소득이 불균등한 부로 연결될 수 있다. 이것이 센이 평등의 관점을 '왜 평등인가why equality?'에서 '어떤 관점의 평등인가equality of what?'로 옮긴 이유이다. 그러므로 센에게 평등은 기회 균등이 아니라 능력 평등의 문제다.

    센이 능력을 강조하는 것은 자유는 정의의 핵심 요소이기 때문이다. 따라서 센의 정의론은 자유의 정도를 향상시키는 데 집중한다. 왜냐하면 능력과 자유는 비례하기 때문이다. 능력은 자신이 가치를 부여하는 삶을 택할 수 있는 실질적 기회를 의미한다는 점에서 성취할 수 있는 자유를 의미한다. 센의 능력론은 자유를 기준으로 개인이 가진 전반적 유리함advantage을 측정한다. 따라서 능력은, 개인적 가치판단에 따라 행동할 자유와 권리만이 아니라 이를 실현할 수 있는 측면인 평등에도 적용될 수 있다. 센의 능력론은 개인의 능력을 강화하여 실질적 자유를 확대하는 데 역점을 두었다는 점에서 롤스의 정의론을 보다 확장했다고 할 수 있다.

능력주의는 어떻게 나와 사회를 파괴하는가?

선한 포도밭 주인은 롤스와 드워킨과 센 중에 누구를 지지할까? 그는 아마 차등의 원칙을 당연하다고 여기고, 평등한 배려가 있어야 하며, 포도밭이 자유의 공간이 되기를 바랄 것이다. 그렇다면 그의 수익은 어디서 만들어지는 걸까? 그는 수확한 포도를 시장에 내놓으며 그가 행한 만큼 그대로 보상받을 수 있을까? 나는 그러길 바란다. 마찬가지로 이들의 이론이 인국공 사태를 해결할 수 있을까? 나는 노량진에서 열심히 공부하고 있을 취준생들을 생각한다. 그들은 시험이라는 공정한 제도를 정부가 내팽개치고 비정규직을 정규직으로 전환하는 바람에 자신들의 기회가 박탈당했다고 생각했고, 그것 때문에 분노했다. 시험이란 개인의 능력을 가늠하는 가장 흔한 제도다. 더군다나 우리는 그것을 공정한 제도라고 생각한다. 그렇기에 시험을 통과한 사람은 누구나, 어디에서나 그 능력을 인정받는다. '교육공무직 법안'이 발의될 때도 전교조와 교총이 강하게 반발했다. 이 법안의 취지는 교육공무직의 신설을 통해 초중등학교에서 일하는 비정규직들을 정규직화하자는 것이었다. 교육계의 소위 진보와 보수가 합심해서 아무나 정규직이 돼서는 안 된다고 (아마 같은 직장에서 매일 얼굴을 보는) 자신의 동료의 앞길을 막고 나섰다. 결국 정규직이 되고 싶으면 임용고시에 합격하라는 것이었다. 비정규직 동료가 가진 자질, 학생들과의 친화력과 성실성 등은 전혀 고려의 대상이 아니었다. 그저 시험으로 능력을 인정받으라는 것이었다. 그 의도가 내가 임용고시에 통과하려고 고생한 만큼 너도 고생해봐라는 것은 비록 아니더라도, 시험이 능력을 증명하는 공정한 제도라는 과신은 놀랍도록 널리 퍼져 있다. 이 능력주의meritocracy의 함정에 대해서 마이클 샌델은 공정하지 못하다고 주장한다.

첫째, 능력주의는 모든 사람에게 공정한 기회를 제공한다는 '착각'을 일으켜서 민주주의에 대한 열망을 종식시킨다. 능력주의는 소득과 재산이 세습되는 귀족사회에 비해 개인 능력으로 계층이동이 가능한 사회를 만들었다고 자부한다. 그러나 능력주의는 계층간 이동성만 강조하고 평등의 가치를 외면함으로써 진정한 공정과 정의를 부정한다. 더구나 현대사회에서 능력주의는 개인의 능력과 재능에 어느 정도 부모로부터 세습되는 귀족주의가 내장되어 있다는 사실을 은폐한다. 따라서 능력주의가 기회의 균등과 절차의 공정을 실현할 수 있는 것처럼 주장하는 것은 허위의식일 뿐이다.

둘째, 능력주의는 승자에게는 오만을, 패자에게는 굴욕을 준다. 능력주의는 성공을 행운이 아닌 자랑스러운 성취로 여기도록 하고, 실패는 자신의 능력과 노력 부족 때문이라고 자책하게 하면서 실패를 전적으로 개인 자신의 책임으로 받아들이게 한다. 더욱이 차별과 멸시를 정당화함으로써 사회적 결속력과 연대감을 약화시켜 민주적 통합을 약화시킨다.

셋째, 성공한 능력자와 실패한 무능력자 간의 개인적 갑을관계가 사회적 갑을관계로 확대되어 불평등구조를 형성한다. 능력주의라는 이름으로 포장된 '공정성'이 능력주의에 바탕을 둔 기득권의 시장 열패자에 대한 폭정을 정당화하는 무기가 된다.

능력주의는 봉건적 귀족주의를 타파했지만, 능력의 세습과 세습에 기초한 불공정한 경쟁이 결합되면서 포스트-신자유주의 시대에 기득권의 신귀족주의를 재탄생시키고 있다. 능력주의에 의한 자원 배분을 비판하면서, 샌델은 '유능력자 제비뽑기'를 대안으로 제시한다. 대학입시와 취업시험에서 가장 민주적인 추첨 방식을 채택하여 행운이 당락(성패)을 좌우할 수 있음을 보여줌으로써, 능력주의의 오만을 혼내

주자고 제안한다. 행운이 주는 능력 이상의 과실果實을 인정하고 겸손하게 일 자체의 존엄성을 더 가치있게 바라봐야 한다는 것이다.[7]

샌델이 지적했듯이 능력주의에 대한 과신은 민주주의를 파괴할 뿐만 아니라, 사회구조에 불평등을 만들고 나의 오만으로 스스로를 망치는 결과를 낳는다. 그런데, 능력을 증명하는 유용한 도구이자 능력주의의 꽃처럼 받들어지고 있는 '시험'이라는 제도는 동아시아에서 유럽으로 건너간 제도였다. 능력주의는 동아시아의 오랜 전통이었다. 그러니까 서유럽에서 시험이라는 것이 치러진 지는 불과 200년도 안 된다. 우리가 그렇게 시험에 목매는 것도 다 연원이 있었다.

과거 시험—동아시아의 오래된 능력주의

조선의 지배계층은 흔히 문반文班과 무반武班으로 이루어진 양반兩班 사회라고 불린다. 그러나 좀 더 정확히 얘기하면 그중에서도 문반 중심 사회, 즉 학자인 사士와 관료인 대부大夫가 지배했던 관료·지식인 중심 사회였다. 우리가 흔히 사대부士大夫라고 지칭하는 이 두 계층은 실은 같은 사람들이었다고 봐도 무방하다. 지식 엘리트들이 관료가 되어 정치에 관여했으니, 사와 대부는 각자 존재하는 것이 아니라 사에서 대부로 진출하는 것이 통상적이었다. 고려시대부터 시행되어온 과거제도는 조선시대 들어 유학교육을 장려하고 관료를 선발하는 제도로 완전히 정착되었다.

동아시아에 널리 퍼져있던 과거제도는 나중에 서유럽의 정치이론

---

[7] 임혁백, 「'우리 시대'의 공정: 포스트신자유주의 시대의 공정」, 『철학과 현실』 128호(철학문화연구소, 2021), 95~117쪽.

가들에게 강렬한 영감을 주었다. 귀족 계급에서 세습되던 부와 명예를 공정한 경쟁에 의해 민중의 손에 넘길 수 있는 과격한(?) 제도로 보았던 것이다. 그러나 그 사람이 어떤 사람인지도 모르면서, 공정하다는 이유로 시험을 통해 지위를 주는 제도는 대단히 위험해 보인 것도 사실이다. 결국 이 아이디어는 고민 끝에 서유럽 국가들에 의해서 받아들여지긴 했는데, 그 위험성 때문에 자국에서 직접 시행하지는 않고, 먼저 식민지에서 실험다. 처음으로 영국에서 1853년 「노스코트-트레벨리안 보고서"The Northcote-Trevelyan Report"」가 만들어지고 여기에 따라 영국령 인도에서의 공무원 제도를 개혁하는 데 착수했다. 이 정책이 성공함으로써 동아시아의 과거제도는 영국 본토는 물론, 다른 서양 국가들에서도 차례로 받아들여지게 된다.

가문이나 정치적·개인적 친분으로 공직에 임용되는 관례에서 벗어나 개인의 능력으로 공직을 얻는 보편적 제도가 전 세계에 퍼지게 된 것이다. 지금 우리에게 너무나도 친근한 이 제도는 너무 친근해서 그 이상함을 알 수 없을 정도이지만, 서유럽인들의 주저가 이해될 정도로 굉장히 위험한 제도이기도 하다. 개인의 인성이나 그 인성을 형성하는 데 기여했다고 여겨지는 개인의 내력도 모르고, 단지 개인의 능력을 시험해서 합격하기만 하면 권력의 중추에 오를 기회가 주어진다는 것은 얼핏 공정하고 합리적인 것 같지만, 그만큼 위험할 수도 있다. 6세기 말에 중원을 통일한 수나라가 과거제도를 처음 시행했지만 당시에는 결실을 보지 못한 것도 같은 이유에서다.

과거제도의 공정성과 합리성과 객관성은 비로소 당나라에서 그 결실을 맺고, 동아시아 전역에서 꾸준히 시행된다. 결국 과거제도는 인재를 뽑는다는 기능 외에도 합리성과 객관성의 시대적 의미가 변화했다는 것을 말해준다. 위진남북조 시대를 통일한 수나라는 한족이 아니라 선비족이 세운 나라다. 이들이 과거제도를 발명한 것은 다분히 한족의 발흥을 저지하기 위한 의도도 있겠지만, 유목민족으로서 정착민들과는 다른 도덕률을 갖고 있었기 때문이기도 할 것이다. 중원에서는 적어도 당나라 이전, 100년 가까이 과거제도를 통해 과거제도의 공정성·합리성·객관성을 실험했다고 볼 수 있다. 개인의 능력을 공정하고 합리적이고 객관적으로 파악할 수 있는 방법으로서의 과거제도는 이후 동아시아 지식인의 지형을 크게 바꾸게 된다.

동아시아에서 '나'의 탄생

동아시아에서 과거제 이전의 초기 지식인들에게는 가문의 능력이 곧 개인의 능력이었다. 그런데 과거제 이후 개인의 능력이 곧 가문의 능력이 된다. 과거제 이전 지식인들이 가문의 후광으로 행세했다면, 이제 가문은 철저하게 개인의 능력에 기대게 된다. 동시에 개인은 가문을 빛낼 사람으로 만들어졌다. 여기서 다시 공정성, 합리성, 객관성을 생각해보자. 한 인간을 판단하는 데에 그 사람의 출신 배경을 살피는 것과 단순히 개인 능력을 살피는 것은 큰 차이가 있다. 동아시아에서도 개인의 능력과 동시에 그 사람의 출신 배경을 따지지 않은 것은 아니었다. 나중에 신분제도가 확립되면서 과거를 볼 수 있는 신분이 거의 정해짐에 따라 개인의 능력은 어차피 그 가문의 경제력, 정치적 입지와 동일하게 생각되어왔던 것도 사실이다. 그러나 과거제도가 기본적으로 개인의 능력으로 그 사람의 가치를 판별하는 것이라는 점에는 변함이 없다. 그렇다면 한 사람을 판단할 때 그의 배경을 따지는 것이 공정한가, 합리적인가, 객관적인가 하는 판단에는 그 시대의 합목적적 가치가 작용할 것이다.[8] 한 개인을 그 개인의 환경과의 연속선상에서 바라볼 때, 과거제도는 지극히 비합리적이고, 객관적이지 못하고, 게다가 공정하지 않은 제도이기까지 하다(개인과 환경의 엄연한 연속성을 끊고 가문, 정치적 파벌, 개인이 속한 학파 등을 가정하니까). 그러나 개인을 단절적으로 바라보면, 과거제도는 아주 합리적이고 객관적이며 공정하다. 과거제도 이후 동아시아에서 개인은 앞서와 달리 자신을 형성하는 모든 연결을 단절하고 혼자 선다. 그런데 이 '혼자 선다'라는 것을 서유럽의 그것과 혼돈해서는 안 된다. 앞서 말했지만 동아시아에서 개인이라는 의미는 가문의 구성원으로서의 '나'였다. 그러나 과거제도 이후 동아시아에서 개인은 '나와 가문'으로 바뀐다. 나와 가문은 여전히 연결되어 있다. 서유럽에서 개인은 그 무엇과도 연결되지 않는 '나'를 말한다. 즉 혼자 되어버린 오디세우스에서부터, 무리를 지어 숲으로 들어가는 것을 부끄럽게 여기는 원탁의 기사들인 '나'로 이동하는 것이 서유럽의 개인이다. 오디세우스는 혼자 되어버린 것을 한탄하지만 뒤의 원탁의 기사들은 숲에 혼자가 아닌 여럿이 함께 가는 것을 부끄러워한다.[9] 하지만 동아시아에서 개인은 가문의 부속품인 나에서 가문을 짊어지고 가는 '나'로 바뀐다. 이것이 동아시아에서의 책임과 의무가 있는 개인이다. 그래서 동아시아의 개인은 서유럽인처럼 내 안에 잠재하는 이상을 위해 사는 것이 아니라 공동체의 이상을 위해 산다. 여기서 말하는 공동체는 오늘날 말하는 사회가 아니라 가문이다. 공동체(사회)의 번영이 아니라 공동체(남인, 서인 등과 같은 가문이나 가문의

---

[8] 여기에는 문벌사회라는 비대해진 귀족계급의 성장이 관련되어 있다. 수나라의 경우에는 이민족 왕으로서의 토착세력을 견제하기 위한 방법으로, 고려시대에는 약화된 왕권을 강화하기 위한 수단으로 과거제도가 이용되었다.

[9] 조지프 캠벨·빌 모이어스, 『신화의 힘』, 이윤기 옮김(21세기북스, 2020).

연합)의 이상을 위해 살기 때문에 때때로 개인은 그 공동체를 몰락시키기도 하는 일이 벌어진다. 그래서 (근대 이후 서유럽식 교육을 받은) 동아시아의 개인은 항상 개인적 신념(서유럽적인)과 공동체의 이상 사이에서 방황한다. 반면에 서유럽의 개인은 항상 '나'와 '나의 정체성' 사이에서 번민한다. 서유럽의 개인에게 '나'는 텅 빈 기호이다. 그래서 서유럽의 개인에게 '나는 누구인가?'라는 질문은 불가능한 질문이다.

동아시아에서 과거제도의 출현은 공동체의 이상과 '나'를 하나로 여기는 등식을 만들어냈다. 그 등식을 증명하기 위한 방법으로서 개인의 수양을 강조하면서 끝없이 '나'를 무한한 가능성으로 채우는 텅 빈 그릇을 강조한다. 서유럽의 개인이 텅 빈 기호라면, 동아시아의 개인은 가능성으로 충만한 개인을 추구한다. 그러기 위해서 그 개인은 텅 비어 있어야 한다. 불가에서 말하는 '공空'이란 '자기를 그 무엇과도 연결할 수 없는 상태, 즉 무자성無自性;none-self identity을 말한다. 그럴 때에야 '나'는 그 무엇도 될 수 있기 때문이다(좀 더 좁혀 말하면 공동체의 이상을 실현할 수 있기 때문이었다). 나는 이것을 서유럽의 '개인'과 구분하여 '나'로 지칭할 것을 제안한다. 조선은 정치적으로 강력한 중앙집권 사회였고, 과거제도를 적극적으로 실현했던 정치체제였다. 그러면서도 경제적으로는 토호 세력이 존재했기 때문에 왕권王權과 신권臣權이 지속적으로 대립했다. 그래서 공동체(가문-붕당-학파)의 이상과 나의 신념은 같은 것이었다. 개인이 결코 '혼자라서 외로운' 개인이 아니었고, '무리를 지어 숲에 들어가는 것이 부끄러운' 개인이 아니었다.

식민지 경험이 곧 근대의 경험인 우리의 사회현실에는 서유럽의 개인, 정의, 평등, 공정의 이론들로 해부될 수 없는 암초들이 곳곳에 산재한다. 인국공 사태로 드러난 차별의식과 능력주의에 대한 맹신, 교육공무직 법안이 불러일으킨 우리 교육현실의 민낯, 2018년 동계올림픽 여자 아이스하키 남북단일팀 논의의 박탈감, 공공의대 신설 논란의 집단이기주의, 차별주의……. 이 모든 현상의 바탕에는 공동체가 추구하는 공통된 가치의 상실과 덕의 상실이 있다. 어쩌면 우리는 우리가 하는 일이 누구를, 무엇을 위해 하는 일인지 모르면서 하고 있을 수 있다. 자기 이익을 추구하는 동물적 본능으로 공정한 사회를 만드는 것은, 제도가 아무리 그것을 제어한다 할지라도 한계가 있다. 센을 제외한 다른 공정이론들은 지극히 미국적인 상황을 반영한다. 그 미국적 상황을 해결하기 위한 이론들이 지금 우리의 관심을 끌고 있다는 것은 그만큼 우리 사회가 미국을 닮아 있음을 방증하는 것이겠다. 그럼에도 우리에게 이들의 이론이 피상적으로 다가오는 것은, 우리를 이끄는 끈질긴 문화적 추동(덕에 대한 인식)이 있기 때문이다. 섣불리 미국식 공정이론들을 따라갔다가는 우리 안에 있는 가능성을 버리는 우를 범하게 될 것이다. 차등의 원칙이나 평등한 배려, 바라는 대로 살 능력 같은 것이 아무리 그럴듯해도 인간은 자기 이익과 잘못된 판단 때문에 다른 선택을 할 수가 있다. 그럴 때, 우리는 그들을 비난할 수 있어야 한다. 공동체의 덕으로 그들을 비난할 수 있어야 한다. 아무리 자기 이익에 어긋난다 하더라도 받아들이는 존중과 인정이 있어야 하고, 잘못된 판단을 사과할 수 있는 관용의 공간이 자유의 공간보다 더 중요하다. 왜냐하면 인간의 자유는 원래 있는 것이 아니라 존중과 인정과 관용의 밭에서 자라기 때문이다.

연세 마음살이를 위한 개념어사전 2

거버넌스

유대질 힘겨움의 주체들과 더불어

힘겨움의 주체들과
더불어

유대칠
철학자

더불어 있음과 질서

가족이라는 '더불어 있음' 가운데 태어나 '홀로 있음'으로 떨어져 나가는 것이 아니라, 또 다른 '더불어 있음'을 만나며 자신의 무엇임을 더해가는 것이 '사람'이다. 가족 구성원 누구에서 누구의 친구, 누구의 제자, 누구의 동료 등으로 말이다. 누군가와 더불어 있으면서 자신의 무엇임도 그렇게 하나씩 더해진다. 그렇게 생각하면 '만남'이란 '무엇임'의 시작일 수 있겠다.

 왜 굳이 우린 '더불어 있음'을 선택했을까? 어쩌면 그것은 우리에게 피하기 힘든 숙명이었을지 모른다. 쉽게 생각하면, 남 눈치 볼 것 없이 '홀로' 사는 것이 좋아 보인다. 그러나 '생명生命'이란 것, 살아있다는 것, 그 모두는 철저하게 '홀로' 있을 수 없다. 당장 작은 풀 한 포기도 '홀로' 있지 못하고 그가 속한 공간 속에서 흙과 햇빛, 이슬과 빗물, 이런저런 작은 생명과 더불어 있지 않은가. '사람' 역시 다르지 않다. 살아간다는 것 자체가 '더불어 있음' 속에서 구현되어가는 것이나 다름없다. 굳이 애써 무인도에 가 살지 않는다면 말이다. 아무리 고독한 삶이 좋아도 어떤 식으로든 누군가와 '더불어' 있게 되어 있다.

그런데 '더불어 있음'은 쉬운 일이 아니다. 쉽게 생각해보자. 서로 다른 생각을 가진 여럿이 함께 살아간다는 것이 어찌 쉬운 일이겠는가. 중요하게 생각하는 것도 서로 다를 것이고, 그에 따라서 무엇을 더 먼저 해야 하는가에 대해서도 서로 생각이 다를 것이다. 아무리 같은 마을에 산다 해도 살아온 환경은 서로 다르기 마련이고, 그 다름 가운데 만들어진 각자의 생각도 서로 다르기 마련이다. 그 서로 다른 생각에 따라서 서로 다른 각자의 답을 가지는 것도 당연하다. 그렇게 서로 생각이 다른 것이 자연스럽고, 당연하다. 오히려 모두가 서로 다른 환경에서 살아가는데 다 같은 생각을 하고 같은 답을 맞다고 생각하는 것이 이상하다. 그렇게 서로 다른 생각에 서로 다른 답을 가진 여럿이 더불어 살아가니 어쩔 수 없이 다툼이 일어나기 마련이다. 그 다툼을 해결하기 위해 사람들은 암묵적으로 어떤 '질서ordo'를 원했을 것이다. 그렇다면 그 '질서'는 누가 결정하고 집행할 것인가. 그 문제는 매우 중요했다. 어쩌면 여럿이 '더불어 살아감'에서는 피할 수 없는 문제였기 때문일 것이다.

먼 과거로 돌아가 직접 확인할 수 없지만, 아마도 처음엔 종교적 권위를 가진 이들이 그 '질서'를 만들고 유지했을 것이다. 그들의 뜻이 곧 신의 뜻이라 믿었으니 말이다. 왜 굳이 신의 뜻을 따르고자 했을까. 그 역시 어렵지 않게 알 수 있다. 그리스도교의 경전인 『성경』에 의하면 신은 최고의 통치자이며,[1] 이 세상의 모든 것을 정의롭게 다스리는 존재다.[2] 그런 신이기에 그의 뜻을 따른다는 것은 가장 온전한 질서를

---

[1] 구약성서 「탈출기」 15:18, 「시편」 103:19.

[2] 구약성서 「사사기」 5:11, 「시편」 93:1, 「시편」 145:13.

이 땅에 구현하는 것이라 믿어졌을 것이다. 그리고 초월적 존재인 신의 뜻은 함부로 알 수 있는 것이 아니라, 종교적 권위자를 통해 여러 민중에게 알려진다고 믿어졌다. 그러니 종교적 권위를 가진 사제가 '더불어' 살아가는 이곳에 질서를 만들고 유지하는 일을 맡았을 것이다. 하여간 어떤 식으로든 신과의 관계 속에서 '질서 부여자'는 자기 권력의 정당성을 민중에게 설명하고 유지하려 했을 것이다. 예를 들어, 유럽의 권력자는 그저 강력한 군대를 가진 인물이 아니라, 민중에게 대관식을 통해 자신이 신으로부터 선택받은 존재임을 보이고자 했다. 또 동북아시아의 권력자들 역시 자신을 그저 강력한 군대를 가진 이로 소개하지 않았다. 그들 또한 자신을 신과 관련된 존재라 확신했고 그렇게 소개했다. 대표적으로, 그들은 자신을 신들 가운데 최고의 신인 하늘의 아들, 즉 '천자天子'라 확신했고 그렇게 불렸다. 그렇기에 여럿이 더불어 살아가며 만들어지는 온갖 혼란에 대해 '무질서'한 이곳에 '질서'를 부여할 정당성을 가지게 된다. 그렇게 권력자들은 자신의 통치권에 정당성을 더해갔다. 극단적으로 말하면 그 '홀로' 고민하고 그 '홀로' 답을 결정했다. '더불어' 고민하고 '더불어' 결정하지 않았다. 이쯤에서 '통치統治'와 '협치協治', 즉 '거번먼트government'와 '거버넌스governance'를 이야기해야겠다.

키를 잡은 자와 노를 젓는 자들

'거버넌스'는 '협치', '공치共治', '망치網治' 등으로 번역되기도 했지만, 여전히 우리말로 고정되지 못하고 있다. 거버넌스에 대한 학술지인 『한국 거버넌스 학회보*The Korean Governance Review*』의 이름에서 볼 수 있듯이 아예 한자나 우리말로 번역하지 않고, 영어 단어의 발음을 우리글로 표기하는 것이 지금의 가장 흔한 표기법이라 하겠다. 외래어를 한자어로 번역하든 원어 단어 발음으로 표기하든 중요한 것은 즉, 제대로 전달되어야 하는 것은 그 말의 '뜻'이다. 이를 위해 그 말의 시작으로 한번 돌아가보자.

영어 거버넌스governance는 고전 라틴어 '구베르노guberno'와 고전 그리스어 '퀴베르나오κυβερνάω'에서 나온 말이다. 물론 이 말은 더 오랜 기원을 가지지만, 그에 대해서는 여러 이견들이 존재한다. 그러니 지금 이 자리에서는 확실한 기원이 되는 이들 두 고전어로 그 기원을 한정해서 다루어보자. 고전 라틴어 '구베르노'는 '조종操縱하다', '조타하다', '인도하다', '관리하다', '통치하다', '지배하다'라는 뜻을 가진다. 그리고 고전 그리스어 '퀴베르나오'는 '몰다', '운전하다', '이끌다', '조종하다', '박다', '지시하다', '관리하다', '지배하다', '통치하다'라는 뜻을 가진다. 구베르노와 퀴베르나오는 이처럼 그 뜻이 비슷하다. 기본적으로 '조종한다'는 뜻이다.

퀴베르나오라는 말의 다양한 활용을 고대 그리스 철학자 플라톤의 『국가』에서 찾아 읽을 수 있다. 플라톤은 좋은 '나라' 혹은 '공동체'는 어떠한 곳이어야 하는지를 한 척의 배를 통해 설명한다. 우리도 함께 상상해보자. 고대 로마의 해전에 사용된 전투함 한 척을 생각해보자. 좌우로 여러 명이 노를 저어야 한다. 그들은 그저 노를 저을 뿐, 그 배가 어디로 나아가는지 보지는 못한다. 키잡이의 말을 믿고 노를 저을 뿐이다. 더 강하게 저으라면 그렇게 젓고, 조금 천천히 혹은 멈추라면 그 말에 따라서 움직이면 된다. 그러면 배는 정해진 곳으로 무사히 갈 수 있을 것이다. 그런데 선원들이 제대로 배를 다루는 법, 즉 조종법도 모르면서 저마다 자신이 배의 키를 잡아야 한다고 고집한다면 어찌 될

까? 당장 다툼이 일어날 것이다. 그 다툼으로 배는 제대로 항해도 못할 것이고, 설령 항해를 시작한다 해도 엉뚱한 방향으로 나아갈지도 모른다. 여기에서 배를 '조종한다'는 표현을 위해 퀴베르나오라는 고전 그리스어를 사용한다.[3] 배를 조종하는 '키잡이'는 직접 노를 젓는 사람이 아니다. 돛을 올리고 내리지도 않는다. 그러나 '키잡이'는 배의 운명을 좌우한다. '키잡이'를 뜻하는 고전 그리스어 '퀴베르네테스$\kappa\upsilon\beta\varepsilon\rho\nu\acute{\eta}\tau\eta\varsigma$'는 '조종하다'라는 동사 '퀴베르나오$\kappa\upsilon\beta\varepsilon\rho\nu\acute{\alpha}\omega$'에서 나온 말이다. 여럿이 함께 하나의 목적을 향해 나아가야 하는 것이 배의 운명이다. 어떻게 서로 다른 처지의 서로 다른 지식을 가진 여럿이 하나의 목적을 이루기 위해 질서를 유지할 수 있을까? 노를 젓고 돛을 올리고 내리는 선원들이 '키잡이' 혹은 '선장'의 말을 잘 따르면 된다. '퀴베르나오'는 여기에서 단순히 배 하나를 '조종'하는 것을 넘어 서로 다른 생각의 사람들을 '조정調停'하여 통치함을 의미한다.

철학자 왕의 통치

플라톤에게 '조종 능력'은 '통치의 능력'이다. 그 능력을 위해 키잡이는 배를 제대로 잘 알아야 하고 키 잡는 법을 잘 알아야 한다. 한마디로 어떻게 목적을 향해 나아갈지 그것에 대해 탁월한 지식과 지혜를 가져야 한다. 한 나라와 공동체에서 키잡이나 선장과 같은 역할을 해야 하는 사람을 플라톤은 '철학자 왕'이라고 생각했다. '철학'이란 무엇이 좋은지 제대로 알아보는 능력을 준다. 그런 능력을 가진 이가 왕이 된

---

[3] 플라톤Platon, 『국가Politeia』 제5권, 488b.

다면, 그 나라 혹은 공동체는 제대로 좋은 것을 향해 나아갈 수 있을 것이다. 플라톤은 어리석은 다수보다 지혜로운 소수를 신뢰했다. 무엇이 참으로 좋은 것인지 알지 못하고 저마다 자신의 욕심 속에서 만들어진 좋은 것만을 고집하다 제대로 항해도 시작하지 못하는 배와 같이, 한 나라와 한 공동체도 제대로 좋은 것이 무엇인지를 알지 못하거나 그것을 어떻게 구현할지 제대로 알지 못하는 이들의 고집은 좋을 게 하나도 없다고 생각했다. 이런 것들은 한 나라와 한 공동체를 분열하게 하고 다투게 할 뿐 어떤 쓸모도 만들지 못한다고 보았다. 그렇기에 그는 다수, 즉 여럿과 더불어 고민하기보다는 소수가 홀로 한 나라와 공동체의 운명을 위해 고민하고 결단하면 다른 이들은 따르기만 하면 그만이라고 생각했다. 그것이 한 나라와 한 공동체가 할 수 있는 최선이라고 믿었다. 여럿이 배의 키를 잡고 '조종'하면 배는 혼란에 빠져버리듯이, 한 나라와 한 공동체도 소수 혹은 한 사람의 지혜로운 이가 '통치'해야 한다고 보았다.

플라톤에게 배를 '조종한다'는 것은 한 나라를 '통치한다'는 것과 유사했고, 배를 이끄는 '키잡이의 지혜'는 '철학'이었다. 즉, '키잡이'는 '철학자 왕'이었다. 그 철학자 왕은 더불어 결정하지 않는다. 스스로 자기 철학에 따라 궁리하고 자기 철학에 따라 결단한다. 그 철학자만이 거짓과 유사품의 동굴을 벗어나 참됨과 진짜의 세상을 경험한 인물이기 때문이다. 그러니 오직 그만이 온전히 가장 참되고 좋은 결단을 내릴 수 있다. 플라톤의 문헌에서 읽을 수 있는 '퀴베르나오', 즉 '나는 조종한다'는 이 말은 서유럽 사회에서 오랜 시간 유지된 '통치'의 역사, 즉 거번먼트의 역사를 이해함에 도움이 될지는 몰라도 지금 우리가 다루고자 하는 거버넌스와는 달라 보인다. 여기에서 알아야 하는 것이, 이 두 말은 모두 고전 그리스어 퀴베르나오에서 파생된 현대어라는 사실이다. 고전 그리스어 '퀴베르나오'와 함께 이 두 현대어(거번먼트와 거버넌스)의 어원인 고전 라틴어 '구베르노'도 비슷하다. 이 말의 쓰임은 우리가 종종 '협치'로 번역하는 '거버넌스'보다 오히려 그 대립 개념으로 이해되는 '통치'로 번역되는 '거번먼트'에 가깝다. 카롤루스 대제에 대한 라틴어 표현에서 우리는 고전 라틴어 '구베르노'가 어떻게 사용되었는지 알 수 있다. 한번 살펴보자.

신으로부터 왕관을 받은 가장 은혜롭고 존엄한 대제이며, 평화를 가져다주는 로마제국을 다스리는gubernans 황제이며, 신의 자비로 프랑크인과 랑고바르드인의 왕이 된 카롤루스[4]

카롤루스 대제는 로마제국을 통치하는 황제이지, 협치하는 황제가 아니다. 신으로부터 선택된 권위로 제국 전체를 통치하는 1인이다. 통치자 카롤루스 대제에게서 우리는 현대어 '거버넌스'보다는 '거번먼트'의 기원을 더 잘 확인할 수 있다. 그런데 다시 말하지만, 이 두 현대어는 모두 그 어원이 같다. 고전 라틴어 '구베르노'와 고전 그리스어 '퀴베르나오'에서 기인한 현대어다. 이 두 고전어에서 '통치하다'라는 뜻을 가진 현대어 '거번govern'이 파생되었고, 그 현대어에 서로 다른 접미사(-ment와 -ance)가 더해진 것이다. 이 접미사의 차이로 인해 '통치한다'는 것, 즉 '한 공동체의 주요한 문제를 결정한다'는 것의 형식과 내용이 달라진다.

---

4 "Karolus serenissimus augustus a Deo coronatus magnus et pacificus imperator Romanum gubernans imperium qui et per misericordiam Dei rex Francorum et Langobardorum." 발터 울만Walter Ullmann, 『중세 교황 통치체제의 성장 The Growth of Papal Government in the Middle Ages』, (Routledge, 2013), 114쪽.

거번먼트와 거버넌스의 주체

거번먼트는 우리가 '통치'라는 낱말에서 그려지는 어떤 것을 의미하게 된다. 조금 극단적으로 말하면, '통치'는 '명령ordo'으로 '질서ordo'를 만든다. '명령'이 곧 '질서'다. 언어적으로도 라틴어 '오르도ordo'는 '명령'이면서 '질서'다. 그리고 그 '명령' 혹은 '질서'의 주체는 '한 사람'이나 '한 기관'이나 '한 계층'이다. 여럿이 더불어 만들어가지 않는다.

이 땅의 역사에서 '조선'이라는 나라를 생각해보자. '조선'의 질서는 양반이라는 한 계층이 주체였다. '조선'이란 나라의 역사는 그들에 의해 주도되었다. 그들의 생각이 곧 명령이 되고 그 명령이 곧 질서가 되었다. 제국주의 시대의 식민지 민중의 삶을 보자. 그들을 움직이는 '질서'는 제국주의 강대국의 '명령'이었다. 식민지 민중과의 '더불어'란 없으며, 오직 '홀로' 결단하고 '명령'하며 '질서'를 유지했다.

라틴어 접미사 '-mentum'과 관련되는 접미사 '-ment'는 '행위'와 '결과'를 나타내기도 하고 종종 '사람'을 나타내기도 한다. '대체하다'라는 의미를 가진 동사 'replace'에 '-ment'가 더해지면 '대체하다'라는 행위의 결과물인 '대체품'이 되기도 하고, '대체하다'는 행위를 수행하는 사람인 '후임자'가 되기도 한다. '통치하다'는 의미를 가진 동사 'govern'에 '-ment'가 더해지면, '통치하다'라는 행위 자체인 '통치'와 '행정'이 되기도 하고, 그런 행위를 수행하는 '정부'가 되기도 한다. 하지만 라틴어 '-ens'와 관련되는 '-ance'는 '과정 혹은 진행의 요소'를 반영한다. 이런 차이들이 거번먼트와 거버넌스를 하나의 어원에서 파생되었지만 서서히 서로 다른 두 말이 되게 했다.

거번먼트는 조금 극단적으로 말해 한 사람 혹은 한 기관을 중심으로 '명령'에 의해 질서가 부여되는 형태의 어떤 것이라면, 거버넌스는 한 사람이나 한 기관이 주체가 되어 질서가 만들어지는 것이 아니라, 여러 관련된 이들이 더불어 각자의 생각을 소통하는 과정process을 거쳐 의견을 만들고, 그 더불어 만들어진 의견으로 질서를 만들어가는 것이라고 생각할 수 있다. 이런 맥락에서 생각해보면, 거번먼트와 거버넌스의 차이는, 한 공동체에게 필요한 답을 '홀로 결정한다'는 것과 '더불어 결정한다'는 것의 차이라 할 수 있다. 거번먼트의 주체가 한 사람 혹은 한 기관이라면, 거버넌스는 그 주체가 관련된 다수의 '더불어 있음'이라 할 수 있겠다.

'더불어 주체'가 된다는 것

작은 연못이 하나 있다고 가정하자. 그 연못이 현재 그 인근에서 유일한 식수원일 때, 그 주변 여럿은 그 연못을 두고 고민하게 될 것이다. 단지 한 명만 그곳에 산다면 큰 문제 없이 그 한 명 마음대로 사용하면 된다. 그 한 명이 그와 관련된 모든 결과를 책임지면 그만이다. 무리하게 사용해 그만 그 연못이 말라버리거나 오염되어 더는 사용할 수 없게 되어도 그 한 명이 책임지면 그만이다. 그러나 여럿이 사용하게 되면 문제는 그렇게 쉽지 않다. 당장 한 사람이 마음대로 사용할 수 없다. 만일 누군가 홀로 마음대로 사용한다면, 그 한 사람으로 인해 다른 많은 이들이 억울한 결과를 책임져야 한다. 그러니 여럿이 그 연못을 사용하기 위해선 당장 홀로 한 명이 마음대로 사용하는 것을 배제하고 어떻게 여럿이 더불어 사용할 것인지를 두고 고민하게 된다. 공정하게 말이다. 억울하지 않게 말이다. 이때 이를 누가 결정할 것인지를 고민한다. 처음엔 신의 선택을 받은 종교인이나 신으로부터 왕관을 받은 권력자가 결정하는 것이 좋다고 생각했다. 신에게 가까우면 성스럽고 신으로부터 멀면 그렇지 않다는 위계의 세계관을 가진 이들은, 신의 선택을 받은 종교인이며 권력자는 당연히 가장 좋은 결정권자라 여겼을 것이다. 그렇지 않다면, 가장 합리적인 사고를 하는 소수, 즉 한 공동체에서 가장 지혜로운 교육을 받은 소수가 그 공동체 전체를 위해 봉사하며 그 공동체 전체를 위해 결정하는 것이 가장 올바른 것이라 믿기도 했다.

그러나 이 모두는 하나의 문제점을 가지고 있다. 연못의 사용을 두고 신의 선택을 받은 이나 가장 많은 '지식'과 '지혜'를 가진 자가 모든 것을 결정하고 그의 명령이 곧 그 공동체의 질서가 된다면, 그가 누구이든 그 한 명이 아주 선하고 아주 공의로우며 아주 이타적인 존재이기를 나머지 모두는 기대해야 하고, 그것을 전제한 상황에서 그의 명령을 받아들여야 한다. 만일 그렇지 않고 그 역시 이기적인 한 사람의 개인일 뿐이라면, 이러한 사회의 질서구조는 그 한 명을 위해 많은 것을 희생시키는 부조리한 것이 되고 만다. 설령 그가 이기적 존재가 아니라도, 그는 한 공동체 가운데 모든 상황, 그 공동체 가운데 모든 어려움을 알기 어렵다. 그는 어쩔 수 없이 그 자신의 편에서 그가 경험한 세상 속에서 생각하고 결단할 뿐이다. 그리고 그 결단이 많은 이에게 답이 될 수 있다 해도, 막상 그 답이 누군가에게는 심각한 오답일 수도 있다.

아주 공정하게 그 연못의 물을 모두가 더불어 사용하게 해도, 만일 누군가 병에 걸려 어쩔 수 없이 더 많은 물이 필요하다면, 그 병 걸린 자는 병에 걸리지 않은 건강한 다수의 공정한 권리를 위해 그저 죽어가야 하는가. 따라서, 한 공동체에서 일어나는 일들은 그 공동체 가운데 그 일과 관련된 자들, 즉 그 일과 관련된 직접적 피해자가 될 수 있는 '당함의 주체들'이 직접 그 일을 해결할 '답을 만들 주체'가 되어야 한다는 생각이 등장하게 된다. 그것이 바로 거버넌스의 뜻, 즉 '더불어 주체'가 된다는 것이다.

연못의 비유는 현실에서도 확인할 수 있다. 2015년 5월 11일 경제협력개발기구OECD의 지역개발정책위원회에서 채택된 「OECD 물 거버넌스 원칙」에서는, 2050년에는 전 세계 인구 40%가 물이 부족한 상황에 놓이게 되고, 이런 상황에서 2050년까지 물에 대한 수요는 줄어들기보다 오히려 55% 증가할 것이라고 한다.[5] 지금 상황에서 물은 점점 부족해지지만 우리는 물을 점점 더 많이 필요로 하게 된다는 뜻이다. 사실 물의 양, 즉 마실 수 있는 담수의 양은 매우 한정되어 있다. 그런데 그 한정된 양마저도 불안정하고 유동적이다. 어느 곳에는 비가 너무 많이 오고 어떤 곳에는 가뭄이 이어진다. 그뿐 아니라, 물이 너무나 필요한 곳과 물이 너무나 많은 곳이 일치하지도 않는다. 물이 넉넉한 곳이 있어도, 물이 당장 부족한 곳에 직접 도움을 주기도 쉽지 않다. 이런 상황에서 물을 어떻게 사용할 것인가의 문제는 매우 심각한 '우리'의 문제가 된다.

만일 어느 기업이 한 곳의 물을 거의 독점적으로 개발해 많은 이득을 누린다고 하자. 그러나 막상 그곳 사람들은 그 이익에서 배제되고 심지어는 물 부족 상황에 처해 있다면, 어찌 되겠는가? 그 지역을 통치하는 행정 기관이나 정부가 그 지역사회 전체의 동의 없이 그 기업을 개발 주체로 선정하고 그저 수긍하라면 어찌 되겠는가? 분명 억울한 이들이 있을 것이다. 이것은 그저 상상이 아니다. 지금 현실에서 벌어지고 있는 문제다. 프랑스의 어느 기업이 한 지역의 지하수를 무리하게 개발해 그곳을 삶의 터전으로 살아가는 이들의 생존권에 영향을 준

---

[5] https://www.oecd.org/cfe/regionaldevelopment/OECD-Principles-Water-korean.pdf

경우나, 우리나라에서도 제주도 지하수를 한 기업이 무리하게 사용해서 제주 주민의 반발을 사는 것도 이러한 맥락에서 읽을 수 있다. 기업이 그곳의 지하수를 개발해 그곳에 간접적으로 이익을 준다고 하지만, 막상 그곳을 삶의 터전으로 살아가는 이들에게는, 정부 등 통치기관이 홀로 결정한 답은 정답이 아니다. 그곳을 터전으로 살아가는 이들은, 무리한 물 개발로 인해 고통을 겪는 바로 자기 자신들이 그 답을 결정하는 데에 한몫해야 한다고 소리칠 것이다. '더불어 결정하자'는 소리를 낼 것이다. 그것이 억울함을 막는 길이기 때문이다.

더불어 결단하는 역사

이런 문제는 물 개발에 한정되지 않는다. 중앙정부, 지자체, 기업과 시민단체 사이의 문제에도 적용된다. 오랜 시간 우리는 정부가 주도해온 질서에 익숙해져왔다. 그러나 이 질서는 앞서 이야기했듯이 막상 그 지역의 현실적 문제로 인해 힘겨워하는 고난의 주체들이 의견 형성에서 배제되는 결과를 낳기도 했다. 극단적으로, 농어산촌의 여러 문제를 단지 문서로만 읽은 이들이 그곳의 다양하고 복잡한 문제의 답을 '홀로' 결정한다면, 아무리 깊이 고민하고 고민해도 그 답은 막상 농어산촌 지역에서 살아가는 이들에게, 즉 농어산촌 지역에서 일어나는 여러 문제점을 자신의 일상으로 겪으며 살아가는 이들에게는 제대로 된 답이기 어렵다. 그렇기에 그 문제를 풀기 위한 가장 올바른 답은, 농어산촌에서 살아가는 이들이 '더불어' 주체가 되어 만들어가면 된다. '더불어' 답을 만들어가야 한다. 그때 그 답은 조금 더 올바른 답이 되어갈 것이다. 왜냐하면 그 문제가 얼마나 심각하고 무엇이 유독 문제인지

자신이 직접 아파본 이들이 '더불어 만든' 답이기 때문이다.

아무리 착한 통치자라도, 그런 착한 통치자의 정부라도, 막상 그 공동체 가운데 일어나는 어떤 고난이나 힘겨움의 주체가 될 수는 없다. 무엇이 얼마나 제대로 잘못되었는지 그리고 그것이 얼마나 큰 힘겨움으로 다가오는지 모두 제대로 알 순 없다. 대통령, 중앙정부, 지자체장과 지자체가 아무리 대단하다 해도 지금처럼 복잡한 구조의 국가라는 공동체에서 일어나는 모든 일을 온전히 알기도 어려울 뿐 아니라, 그 해결책을 '홀로' 결정하기엔 당연히 어려움이 따른다. 하지만 오랜 시간 우리는 정부 중심의 통치, 즉 거버먼트를 너무 당연한 것으로 여겨왔다. 그런 가운데 자신들이 살아가는 터전이 파괴되어가고 그로 인해 아파하는 민중의 소리보다는 통치자와 정부의 답이 주로 반영되었다. 아무리 농어산촌 사회가 안고 있는 온갖 문제들이 그 지역사회를 힘들게 해도, 그 힘겨움으로 한번도 아픈 적 없는 이들이 그 힘겨움을 위한 답을 만들었다. 그러니 그 답이 온전한 답이 되긴 힘들었다. 힘겨움의 주체들이 '더불어' 참여하지 못했기에 어쩌면 당연한 결과다.

플라톤의 철학자 왕이 현실 속에 존재한다면, 그 역시 어쩌면 그저 운 좋게 민중에게 주어진, 사익보다 공익을 우선시하는 '착한 독재자'일 뿐이다. '착한 독재자'도 독재자일 뿐이다. 선하고 유능하고 지혜로운 소수에 의한 통치는, 민중의 편에서 생각하면, 재수 좋게 '착한 독재자'가 주어질 때나 운 좋게 유익할 뿐이다. 그러나 그 유익함에도 불구하고 힘겨운 자들 스스로 그들 역사의 주체가 되진 못한다. 진정한 역사의 주체는 스스로 자신들의 역사를 채우는 소리를 낼 수 있어야 한다. '착한 독재자', '착한 통치자'의 등장을 수동적으로 기다리고 있을 것이 아니라, 스스로 역사의 '주체'가 되어야 한다.

힘겨움을 아는 자신이 그 힘겨움을 해결하는 과정에 동참해야 한다.

그것이 거버넌스의 핵심이다. 통치자와 정부만이 모든 문제를 해결하는 '홀로 주체'가 되는 것이 아니라, 힘겨움에 관련된 크고 작은 조직과 민중 모두가 '더불어 주체'가 되어야 한다. 이제 더는 소수의 통치자와 그들의 정부만이 모든 문제 해결을 주도하는 역사의 주체가 되어서는 안 되며, 또 될 수도 없다. 오늘날의 공동체에서는 아주 작은 문제 하나도 너무나 복잡하다. 이제 홀로 주체가 되어 해결할 수도 없고, 이를 홀로 해결해줄 어떤 통치자를 수동적으로 기다리고 있어서도 안 된다. 이제 힘겨운 자들과 더불어 관련된 모든 기관과 사람들이 더불어 해결해가야 한다.

물 문제 하나만 해도 얼마나 복잡한가? 어딘가엔 소중한 식수로의 가치가 더 크고, 어딘가엔 그만큼이나 농업용수가 소중하며, 또 다른 어딘가에선 공장을 돌아가게 하는 공업용수가 절실하다. 어느 하나도 포기할 수 없는 소중함이며, 그 개별적 소중함의 무게는 지역에 따라 다를 수 있다. 그 차이에 따라 미묘한 입장 차이들이 자연스럽게 생길 수 있다. 거대한 도시에 식수를 공급하기 위해 농업용수의 사용을 포기하라고 명령한다면, 이 명령으로 강제된 질서가 농사를 자신의 업으로 삼아 살아가는 이에겐 정답이 될 수 있을까. 국가 발전을 위해 더 많은 공업용수가 필요하기에 식수와 농업용수로의 사용을 줄이라고 한다면, 이 역시 온전한 정답이 될 수 있을까.

가장 좋은 답은 이 모든 문제에 관련된 자들 모두 더불어 만들어가야 하지 않을까. 비록 다름으로 인한 오랜 다툼으로 답이 만들어지는 과정이 느리다 해도 말이다. 이것이 홀로 주체성의 세상에서 모두가 역사의 주체가 되는 더불어 주체성의 세상을 지향하는 노력이 아닐까. 그 노력의 한 모습이 어쩌면 '거버넌스'이겠다. '공동체의 답을 홀로 결단하는 것이 아니라, '더불어' 결단하는 것 말이다. 그것이 지금 우리가 원하는 공동체 속에서 더불어 살아가는 방법이 아닐까 생각해본다. 이제 한 명의 키잡이가 아닌 여러 '키잡이들'이 여러 '선원들'과 대화하며 배의 운명을 결정하는 세상을 꿈꿀 때다.

장정일 비웃음을 당한 철학자들

서평 책 너머 삶을 읽다

비웃음을 당한 철학자들

장정일
시인, 소설가

잃어버린 시간의 연대기
—팬데믹을 철학적으로 사유해야 하는 이유
슬라보예 지젝 지음
강우성 옮김 | 북하우스 | 2021

얼굴 없는 인간
—팬데믹에 대한 인문학적 사유
조르조 아감벤 지음
박문정 옮김 | 효형출판 | 2021

슬라보예 지젝은 팬데믹이 막 시작되었을 때, 팬데믹 위기를 빠져나올 수 있는 방도는 공산주의라는 주장으로 많은 자유주의자들로부터 비웃음을 받았다. 2020년 6월 뉴욕에서 처음 출간된 후, 한국어로 번역된 『팬데믹 패닉』(북하우스, 2020)에서 그는 비판자들의 조소에 아랑곳하지 않고 "위기의 시절에는 우리 모두가 사회주의자다"(116쪽), "코로나바이러스 감염병이 공산주의에 새로운 생명의 활기를 불어넣을 수 있다"(85쪽)는 주장을 굽히지 않았다. 그러면서 그는 2020년 3월, 영국의 보리스 존슨 총리가 영국 철도의 한시적 국유화를 선언했던 사실하며, 도널드 트럼프가 모든 성인 시민권자에게 1,000달러짜리 수표를 지급하는 전국민기본소득Universal Basic Income 도입을 고려했던 사실을 제시한다. 영국에서 벌어졌고, 미국에서 벌어질 뻔했던 정책은 모두 시장의 법칙이나 자본주의 원리와 어긋나는 것들이다. 멀리 갈 것도 없이, 한국에서 '사회적 거리두기'라는 이름으로 2년 가까이 강력하게 시행되고 있는 각종 요식업소의 인원 제한과 영업시간 제한 또한 자유민주주의와는 거리가 멀다.

마스크·진단키트·산소호흡기같이 긴급하게 필요한 물품들의 생산을 조정하고, 호텔들과 다른 휴양지들을 고립시키며, 국가가 병원의 인력과 병실을 차출하거나 징발하는 일, 그리고 팬데믹으로 실직한 사람들에게 최소한의 생존을 보장하는 등의 조치는 지젝의 말처럼 "시장 메커니즘을 버려가며 해야 한다"(128쪽). 공산주의 해결책이 등장하는 지점이 여기다. 각 나라마다 정책의 이름과 세부만 다르달 뿐, 팬데믹에 대응하는 전 세계의 정책은 모두 시장이나 자본주의 원칙과 반대된다. 지젝은 이 멋진 역설을 코로나19와 팬데믹을 막는 데만 적용할 필요가 어디에 있느냐고 묻는다.

그는 우리 시대가 시급하게 해결해야 하는 공동의 과제로 네 가지를 늘 반복하여 강조해 왔다. 1)다가오는 생태적 파국의 위험, 2)'지적 재산권'으로 옹호되고 있는 부적절한 사유 재산, 3)유전자공학을 포함한 새로운 기술과학이 불러오게 될 사회·윤리적 갈등, 4)새로운 형태의 아파르트헤이트(인종 간 분리)와 슬럼(빈민가)의 생성. 이 네 가지 문제는 자본주의와 시장 원리 이외의 방법이 아니고는 해결되지 않는다. 시장 원리와 자본주의가 바로 문제의 원인이기 때문이다.

영국에서 올해 1월에 출간된 『잃어버린 시간의 연대기』는 『팬데믹 패닉』의 후속편이다. 이 책에서 역시 지젝은 "코로나 바이러스는 당국자로 하여금 때때로 거의 공산주의를 지향하는 일들, 즉 국민 기본소득이나 전 국민 의료보장 등과 같은 형태의 조치들을 수행하도록 만들었다"(34쪽)라고 말하면서, 공산주의의 쓸모를 좀 더 과감하게 인정할 필요가 있다고 강조한다. 예컨대, 영국 신문《가디언》은 2020년 10월 27일,〈과학자들이 북극의 메탄 매장층에서 가스가 '누출되기' 시작했다고 말하다〉라는 기사를 실었다. 이 기사는 지구온난화로 동부 시베리아 해안의 광범위한 지역에서 메탄 매장층이 녹으며 메탄이 누출되고 있으며, 누출된 가스들이 지구온난화의 속도를 가속화할 수 있는 새로운 '기후 되먹임 고리'가 될 수도 있다고 전한다. 이런 문제는 공동선(共同善: 개인을 위한 것이 아닌 국가나 사회, 또는 온 인류를 위한 선)을 생각하는 공산주의 방식이 아니고서는 해결할 수 없다. 참고삼아 덧붙이자면, 이때의 공산주의는 일당 독재나 프롤레타리아 독재가 목표인 공산주의가 아니다. 그런 공산주의는 1990~1991년 사이에 소련이 해체되면서 역사의 뒤꼍으로 사라졌다.

　이탈리아의 철학자 조르조 아감벤은 『얼굴 없는 인간』에 실린 몇몇 글들로 인해 그야말로 무수한 지식인 독자들로부터 조소를 당하고 난타를 당했다. 그 가운데 특히 비웃음을 샀던 것은 얼굴에 관한 논변이었다. 두 대목을 보자. "얼굴은 가장 인간적인 장소다. 인간은 단순히 짐승의 주둥이나 사물의 옆면이 아닌 얼굴을 갖는다. 얼굴은 가장 개방성이 있는 장소다. 얼굴을 통해 자신을 드러내고 의사소통을 나눈다. 이것이 얼굴이 정치적 장소인 이유다. 지금의 비정치적 시대는 진짜 얼굴을 보고 싶어 하지 않고 멀리 떨어져 가면으로 얼굴을 가린다"(138쪽). "얼굴에 대한 권리를 단념하고, 마스크로 덮고 시민의 얼굴을 가리기로 결정한 국가는 정치를 스스로 없애버린 셈이다"(148쪽).

얼굴에 대한 에마누엘 레비나스의 개념을 원용하고 있는 아감벤은 마스크로 얼굴을 가리는 것은 인간에게 부여된 신성神性·고유성·개방성·정치성 등을 모두 파괴하는 것이라고 말한다. 그의 주장이 인터넷을 통해 널리 퍼지면서. 1942년생인 노철학자는 마스크 쓰기 반대 운동에 앞장선 순진하고 무모한 선동가로 둔갑했다. 여러 철학자 중에 지젝도 『잃어버린 시간의 연대기』에서 충분히 신중하고 예의를 차린 어조로 방역 마스크를 쓰는 일에 반대하는 아감벤의 주장을 반박했다. 지젝은 아감벤이 인간의 얼굴에 너무 많은 물신적 의미를 부여했다고 보았다. "이 주장에는 프로이트식으로 명확하게 답변할 수 있다. 프로이트는 왜 분석 임상(이른바 예비 면담 이후에 분석이 진지한 단계로 진행되는 단계)에서 환자와 분석가가 서로의 얼굴을 마주보지 않는지 그 이유를 잘 알고 있었다. 얼굴은 가장 근본에 있어서 허위, 즉 궁극적 가면이기에 분석가는 오로지 얼굴을 들여다보지 않음으로써만 타자의 심연에 접근하기 때문이다"(135쪽).

아감벤은 동물에게는 얼굴이 있을 수 없다라고 말하며, 동물에게 정치가 없는 이유도 얼굴이 없기 때문이라고 말한다. 그러나 동물에게도 인간의 얼굴이 가진 모든 특성이 있다. 낱낱의 개와 고양이, 소와 말에게도 고유성이 있고 개방성이 있으며, 그 밖의 많은 동물들도 얼굴을 갖고 있고, 나름의 정치를 한다. 이렇듯 아감벤의 주장을 공박하는 것은 쉽지만, 그의 주장은 단지 방역 마스크를 거부하자는 데 있는 것이 아니다. 아감벤이 방역 마스크를 벗어던지자고 말하는 진짜 이유는 "새로운 종교가 된 보건과 예외상태의 국가 권력 사이의 결합에서 비롯된 바이오보안"을 경고하기 위해서다. 아감벤은 미셸 푸코의 생명권력/생명정치와 긴밀한 연관을 가진 바이오보안을 설명하면서 "이는 서양 역사에서 아마도 가장 강력하게 효력이 있을 것이다. 현재까지의 상황을 보면, 건강상에 위협받는 문제가 발생하면 인류는 두 번의 세계대전이나 전체주의 독재하에서도 감히 꿈도 꾸지 못했던 자유의 제한"(이상 28쪽)을 기꺼이 받아들이게 만들 것이라고 말한다.

권력이 가장 권력다울 수 있는 때, 권력이 비로소 무제한의 권력을 행사할 수 있을 때는 법을 그대로 둔 채 예외가 도입될 때다. 칼 슈미트가 발견한 '예외상태'를 정치철학의 핵심으로 간주하는 아감벤은 팬데믹과 1933년 독일에서 벌어진 일 사이에 연결되는 지점이 있다고 본다. "당시 신임 총리였던 아돌프 히틀러가 바이마르 헌법을 공식적으로 폐지하지 않고 선언한 예외상태는 12년 간 지속되었다. 나치가 전체주의 이데올로기를 전개하려는 목적으로 예외상태를 필요로 했던 반면, 현재 우리가 목격하고 있는 급격한 변화는 그 양상이 다르다. 보건이 일종의 종교처럼 불가침의 영역이 되었고, 이는 보건 공포가 조성된 상태에서 이루어졌다"(27쪽).

매년 5월이면 종합소득세 신고를 한다. 작년까지만 해도 서류를 들고 세무서를 찾아가면 세무서에서 종합소득세 신고를 접수하고 완료해주었는데, 올해엔 신고자 자력으로 인터넷 신고를 하게 했다. 팬데믹을 빌미로 국가가 해야 할 서비스를 방기한 것이다. 세법稅法이나 계산에 어두운 사람, 인터넷이 없거나 사용이 미숙한 사람은 신고를 하고 싶어도 못하게 되거나 돈을 내고 세무사의 조력을 받아야 한다. 아마도 이런 사례가 수두룩할 것이다. 예외상태에서도 우리 얼굴을 드러내야 한다는 것, 정치(저항)는 계속되어야 한다는 것, 아니, 예외상태가 인정되어서는 안 된다는 것을 아감벤은 말하고 있다.

저자들

구자인　구자인은 1990년 초반부터 마을만들기 방법론으로 지역사회 문제를 해결할 수 있다는 생각에 생태학, 환경정책, 도시사회학, 지역경제학 등 여러 학문을 공부하고 또 실천 현장을 돌아다녔다. 6년 반의 짧지 않은 일본 유학생활을 거친 후 2004년 12월부터 전북 진안군과 충남도의 농촌마을정책에 관여해왔다. 올해 3월부터는 현장으로 다시 돌아와 농촌 '면' 단위를 기반으로 앎과 삶의 조화를 모색하고 있다. gujain@hotmail.com

구점숙　1970년 진주에서 나고 자라 1995년부터 농사를 시작했다. 2010년에 여성농민 활동가로 전국여성농민회총합사무총장으로 활동했다. 현재는 남해군 여성농민회 사무국장과 언니네텃밭 협동조합 운영위원장으로 활동 중이다.

금창영　홍성군 홍동면에서 농사를 짓는다. 자연농 방식으로 100가지 이상의 작물을 심고 가꾼다. 농촌에 농민만이 아니라 다양한 직업인이 존재해야 하기에 청년과 사회적경제에 관심을 가지고 있다. 노동과 여가, 자기실현의 적절한 균형이 중요하다고 생각해서 경작 면적을 줄여서 지역주민으로서의 역할에 충실하고자 한다.

김경숙　1998년에 태어난 둘째딸이 백일을 갓 지날 무렵에 홍동으로 귀농해서 농사를 배웠다. 2005년부터 오리농법작목회 간사를 시작으로 홍성유기농영농조합법인에서 일하다가 홍성군학교급식지원센터를 만드는 일에 참여했다. kdora05@hanmail.com

김정섭　한국농촌경제연구원 연구위원, 마을학회 일소공도 운영위원, 농촌의 지속가능성을 화두삼아 연구하고 있다. 적게 먹고, 삼천 권의 책을 읽고, 산책하고, 가끔 벗이 찾아오면 시절時節을 평評하며 지내고 싶다. 몰라도 아는 체해야 하는 전문 지식 행상을 강요하는 체계와 불화不和하고 싶다. 그러나 뜻대로 되지 않는다는 걸 배우며 산다.

김학량　1964년 강원도 명주군 연곡면 신왕리, 한 농가에서 나고 자랐다. 열 살 때 소도시 속초로 이사를 가 거기서 고등학교까지 다니고, 그 다음부터 수도권으로 옮겨 대학과 대학원에서 공부하고, 결혼하고, 직장도 다니며 큰 뜻 없이 살고 있다. 1998년부터 간간이 미술가로서 작업도 하며 사는데, 굳이 왜 하는가 묻는다면, 조석朝夕으로 싸리비 들어 마당을 쓴다든지 아침마다 일어나 이불 개는, 그런 일과 다름없다고 대답하겠다. 가끔 한강 하류에 나앉아 강바람 쐬며 물 구경하기를 좋아한다. 현재 동덕여자대학교 교원으로 있다.

박영선　마을학회 일소공도 기획편집위원장으로 일한다. 근현대 문명의 세부를 결정하는 시각매체인 사진과 시스템의 관계를 매개로 펼쳐지는 문화 현상에 관심 갖고 여러 방식으로 작업한다.

박진희　전북 장수에 산다. 농촌의 지속가능성을 가장 중요한 가치로 여기며 먹거리 정의 활동과 농촌에서의 교육문화 활동을 하고 있다.

복권승　1996년 충남 청양으로 귀촌했다. 마을과 생태, 자치로 풀어가는 지속가능한 세상을 모색하며 20여 년 세월을 보냈다. 청양과 공주의 공유공간 운영에 참여 중이며, 자치와 사회적경제, 도새재생과 마을만들기 등 영역 간 협력과 소통에 관심이 있다. bokgwon@gmail.com

---

송원규　농업농민정책연구소 녀름에서 부소장으로 일하고 있으며, 건국대학교에서 시간강사로 농업과 먹거리 문제를 강의하고 있다. 식량주권과 농업·농촌의 지속가능성, 대안 먹거리 운동 등의 주제로 연구하고 있다.

유대칠　어느 지방대 사라진 철학과 출신이다. 자본주의 사회에서 철학은 돈이 되지 않는 무력한 애씀일 뿐이었다. 그렇게 버려진 자리에서 버려진 애씀을 돌아보며 철학의 쓸모를 다시 고민하며 살아간다. 우리를 위한 철학을 만들어내는 철학노동자가 되기 위해 애쓰며 살아가고 있다. 지은 책으로는 『아퀴나스의 신학대전』과 『신성한 모독자』 그리고 『대학민국철학사』가 있으며, 조만간 몇 권이 더 속간될 것이다.

이보은 시장기획자이다. 2012년 마르쉐@혜화 시장을 처음 시작했고, 지금까지 시장기획자 그룹 마르쉐친구들의 일원으로 활동하며, 2017년 창립한 사단법인 농부시장 마르쉐의 이사를 겸하고 있다. 그전에는 여성환경연대에서 대안생활 캠페이너·사무처장과 주민생협 교육조직 활동가를 역임했다. 우리밀에 관심이 많다는 이유로 별명인 언덕 대신 '밀덕'으로 불린다.
Farmers' market Marche@marcheat.net, blog.naver.com/fmmarcheat

장정일 1962년 경북 달성 출생, 1984년『무크지 언어』의 세계에 시를 처음 발표한 이래 여러 장르의 글을 써왔다. 대표작으로 시집『햄버거에 대한 명상』,『길안에서의 택시잡기』등이 있다.

정민철 경주에서 태어나 대구에서 공부했다. 풀무학교와의 인연으로 홍동면으로 이주하여, 농사와 농촌 마을 그리고 교육에 대해 배웠다. 2012년 두 청년과 장곡면에 협동조합으로 젊은협업농장을 만들어 농사를 짓기 시작했다. 아직은 농사를 배우고 싶어하는 청(소)년들과 함께 일한다. 농장이 있는 장곡면 도산리에서 다양한 사람들과 교류하며 농촌 마을의 새로운 가능성을 모색 중이다.
협동조합젊은협업농장 collabofarm@gmail.com, collabo-farm.com

정상진 홍성에서 태어나 30여 년간 유기농업을 실천하고 있으며 홍성유기농영농조합을 설립·운영했다. 현재는 홍성친환경농업협회에서 활동 중이다.

정영신 1958년 전남 함평 출생으로, 35년째 우리나라에서 열리는 오일장을 모두 기록한 장돌뱅이 사진가이자 소설가. 농촌에서 태어나 지금도 여전히 촌사람이라고 여긴다. 장에 가는 길이 두고 온 고향을 찾아가는 것처럼 푸근하다. 아직도 장터가 생생한 삶의 현장이라고 믿는 여행자이자 기록자로서, 특히 농촌마을에 들어가 생산자이자 판매자인 농촌 어머니의 삶을 찾아 구술과 사진 작업을 진행 중이며, 장터 길에서 만나는 지역문화 유산을 사진과 글로 기록하고 있다. 오일장에 관한 개인전을 10여 차례 열었으며『한국의 장터』,『정영신의 전국 5일장 순례기』,『장에 가자』,『어머니의 땅 사진집』등을 출간했다.

정영환 경기 양주 출신으로 풀무학교를 다니며 홍성과 인연을 맺었다. 도시에서 철학과 미학을 공부했으며, 2011년 홍성으로 돌아왔다. 농장에서 일하다 보니 협동조합젊은협업농장의 매니저를 맡게 되었고, 마을일을 하다 보니 새마을 지도자가 되었다. 마을학회 일소공도 운영위원으로 활동 중이다.

정은정 농촌사회학 연구자. 『대한민국치킨전』을 썼고, 『아스팔트 위에 씨앗을 뿌리다―백남기 농민 투쟁기록』의 저자이다. 치킨집 배달 노동자가 주인공인 어린이 책 『그렇게 치킨이 된다』와 공저로 『질적연구자 좌충우돌기』, 『코로나 팬데믹과 한국의 길』 등이 있고, 『한국생업기술사전』에 양돈과 양계 편을 집필했다. 농촌과 먹거리에 대해 신문에 쓰고, 라디오와 팟캐스트 '그것은 알기 싫다'에서 말하고 있다.

정천섭 전주 출신. 전북 장수에서 농촌발전기획단을 시작으로 농업·농촌 일에 전념하면서 장수군 5-3 프로젝트, 완주군 로컬푸드, 화성 로컬푸드, 전주푸드통합지원센터 등 현장에서 일하다가 농업·농촌 컨설팅 회사인 지역파트너플러스 대표로 전국 지자체의 푸드플랜, 사회적경제 등 지역발전전략 수립을 위해 노력 중이다.

함성호 1990년 『문학과 사회』 여름호에 시를 발표, 1991년 공간 건축평론 신인상 수상. 시집으로 『56억 7천만년의 고독』, 『성타즈마할』, 『너무 아름다운 병』, 『키르티무카』가 있으며, 티베트 기행산문집 『허무의 기록』, 만화비평집 『만화당인상』, 건축평론집 『건축의 스트레스』, 『당신을 위해 지은 집』, 『철학으로 읽는 옛집』, 『반하는 건축』, 『아무것도 하지 않는 즐거움』을 썼다. 현재 건축실험집단 EON 대표.

홍연아 미국 농가 모델을 수출하기 위한 연구는 하고 싶지 않다는 마음으로 귀국해서 한국농촌경제연구원 부연구위원으로 재직 중이다. 현재는 환경과 식품산업, 환경과 개인의 영양 및 식품지원제도를 연결하는 주제로 연구를 진행한다. 환경보존, 개인의 먹거리와 영양 보장, 농식품 산업 발전까지 무엇 하나 포기할 수 없는 주제들 사이에서 균형 잡기 위해 노력 중이다.

마을 총목차

창간호 | 2017. 12. 17
농촌에서 공부하다

열며
다시 마을의 삶을 상상한다 | 박영선
트임 | 농촌에서 공부하다
대화와 학습, 마을을 만드는 일 | 김정섭
농과 촌, 일과 학습, 마을과 학교 — 충남 홍성군 장곡면 젊은협업농장의 실험 | 정민철
학교를 넘어 마을과 함께 | 양병찬
울림
21세기의 일소공도 정신, 진리에 바탕한 사랑의 실천 | 홍순명, 이번영, 신소희, 장유리
이음 | 마을사람들의 도서관
홍동밝맑도서관이 세워지기까지 | 이번영
안남배바우작은도서관과 주민 자치 | 황민호
비판과 저항으로서의 책읽기 | 안찬수
스밈
천 개의 기억 1 — 문화동어린이집 | 정예화, 장유리, 신소희
억울함과 공동체 | 금창영
홍동인상기 | 김건우
새로운 물결 | 신관호
홍성통, 청년을 공부하다 | 안현경
우리 지역에서 결혼하고 아이 낳으면 다른 데보다 돈 더 줄게 | 김명숙
번짐
일하는 노자 — 도가의 마을 구조 | 함성호
'정통 우익'의 장소적 기원, 혹은 온전히 설명되지 않은 그 용어
— 김건우의 『대한민국의 설계자들』을 읽고 | 장정일
부록 | 마을학회 일소공도 소개

통권 2호 | 2018. 7. 27
마을, 교육, 마을교육공동체

열며
마을, 교육환경에서 교육 주체로 | 김정섭, 박영선
트임 | 마을, 교육, 마을교육공동체
마을이 학교라더니? | 김정섭, 안현경, 정민철
마을교육공동체가 아니라 마을학교공동체다 | 임경수
마을 사람들이 마을을 위하여: 초록누리협동조합이 걸어가는 길 | 박진희
이음 | 마을 사람들의 아이 키우기
주민들이 세운 갓골어린이집 | 이번영, 장유리
사람과 마을을 변화시키는 공동육아 | 국승용
벼림
농촌의 지속가능성, 미래의 농민, 도전해야 할 과제 | 김정섭, 정민철, 황수철
스밈
천 개의 기억2: 현광학원 | 이민형, 신소희
상하중 마을의 옛 이름 | 신관호
진정 진심이 만나서야 말로 | 금창영
친환경 농업과 함께 살기 | 김경숙
꽃피는학교의 젊은협업농장 체험 보고서 | 송영미
숲에서 | 이준표
번짐
장소와 교육 | 장정일
일하는 노자2: 인(仁)의 마을에서 | 함성호
한국의 농민 연구, 미래를 그려보자:
얀 다우 판 더르 플루흐의 『농민과 농업』을 읽고 | 송원규
부록 | 마을학회 일소공도
창립선언문
함께 만드는 사람들
활동소식

통권 3호 | 2019. 1. 24
농지, 미래의 농農을 위한 땅

열며
공동의 땅, 공동의 기억과 미래를 위해 | 박영선
트임 | 농지, 미래의 農農을 위한 땅
한국 근현대 농지제도의 변천과 농업의 미래 | 박석두
청년 창업농과 농지지원정책:
청년 창업농은 '어떻게' 농지를 확보하여 이용하고 있는가? | 이향미
지속가능한 농지 공유화와 보전 | 홍순명
정농회의 공유농지운동 | 금창영
이음 | 농업환경 보전정책과 농촌 현실
농업생태환경 프로그램의 도입과 향후 과제 | 이관률
농업환경의 보전과 지역사회의 실천: 네덜란드 지역협동조합의 기원과 특징 | 김정섭
벼림 | 다기능 농업과 새로운 농민
농업농촌농민 연속좌담 | 다기능 농업과 새로운 농민 | 김정섭, 정민철, 황수철
스밈
금평리 김애마을 만주노인과 마을땅 | 최성윤, 이번영, 장유리
농부와 땅과 집 | 최문철
나의 유기인증 취소 체험기 | 조대성
숨은자원모으기 행사의 숨은 의미 | 정영환
스마트팜과 땅을 일구는 삶 | 김세빈
풀무학교와 젊은협업농장 | 정민철
번짐
인간은 책임을 회피하지 말라:
『인류세』와 『다른 세상을 위한 7가지 대안』 | 장정일
풍류와 공부 | 함성호
어의도―기억과 소멸 | 강홍구
지역창작공간의 사회적 의미: 충남 홍성군 이응노의 집 | 윤후영
마을의 삶을 소환하는 마을사진가들 | 박영선
부록 | 마을학회 일소공도 소개와 활동 기록

통권 4호 | 2019.8.30.
농민과 주민은 누구인가

열며
국가와 법의 호명 너머 | 박영선
트임 | 농민과 주민
농업인인가 농민인가 | 김정섭
농민 농업, 자율과 협동 | 얀 다우 판 더르 플루흐
여성농업인의 자리는 어디인가 | 김귀영
청년 농민을 키우는 지역의 실천농장 | 김기흥
누가 마을의 주인인가, 주민은 누구인가:
변화하는 농촌 사회, '마을 주민이 될 자격'을 다시 묻다 | 구자인
포토에세이 | 한국 근현대 마을 공간 변천기 2
사진/2번 국도 마을 풍경 | 이영섭
글/2번 국도 마을 풍경의 조건 | 이경민
스밈 | 농촌으로부터
윤재영씨 | 홍순명
Beyond 소농 | 조대성
협동조합젊은협업농장 실험보고서 2
젊은협업농장과 마을 | 정민철
일하는 노자 4
풍류에서 살기: 비보풍수와 도시재생 | 함성호
벼림 | 농업·농촌·농민 연속좌담 3
지역농업 조직화와 마을만들기 | 구자인, 김정섭, 정민철
서평 | 책 너머 삶을 읽다
촘스키가 없는 미국은 얼마나 끔찍할까 | 장정일
새로운 지역공동체를 위한 마을 속의 집 | 정기황

통권 5호 | 2020.2.20.
마을농업을 제안한다

열며
농업과 농촌의 상호지속은 어떻게 가능한가 | 박영선
트임 | 마을농업을 제안한다
왜 마을농업인가 | 구자인
전근대 농촌 사회의 두레 다시 보기 | 배영동
일본 집락영농의 현황과 시사점 | 유정규
농업환경 보전과 마을농업 | 김정섭
벼림 | 농업·농촌·농민 연속좌담 4
마을과 농업 | 구자인, 김정섭, 정민철
포토 에세이 | 한국 근현대 마을공간 변천기 3
불안, 불-안 | 정주하
스밈 | 농촌으로부터
귀농 20년, 기억나는 말들 | 길종갑
소농의 힘은 어디서 오는가 | 금창영
「윤재영 씨」, 그 뒤 | 홍순명
협동조합젊은협업농장 실험보고서 3
협동조합과 젊은협업농장 | 정민철
일하는 노자 5
이야기가 만드는 인간과
공동체의 가치 | 함성호
서평 | 책 너머 삶을 읽다
꿈이 부담스러운 나이 | 조대성
생태를 보호하는 법과 '생태적 법질서' | 장정일

마을 총목차　　　　　　　　　　　　　　229

통권 6호 | 2020.9.18.
코로나 이후 사회와 농촌의 가능성
자치와 지원/보조, 그 경계의 불편함

열며
지금은 자본주의 시스템 전환을 위해 연대할 때 | 박영선
트임1 | 코로나 이후 사회와 농촌의 가능성
'더불어 삶'의 궁리, 코로나 이후 '철학'의 쓸모 | 유대칠
코로나 이후의 경제?:
아직도 끊임없이 성장해야 한다는 'GDP의 논리'가 판을 친다 | 김상철
코로나에서 희망 읽기: 정신의료 상황과 사회적 농업의 가치 | 안병은
사회적 거리 '좁히기' | 정기황
포토 에세이 | 한국 근현대 마을공간 변천기 4
변방의 가을 | 강홍구
트임2 | 자치와 지원/보조, 그 경계의 불편함
농업·농촌에 쓰이는 공공재정, 어떻게 볼 것인가 | 김정섭
보조사업 이대로 괜찮습니까?: 마을공동체의 자산화를 모색하며 | 임경수
보조사업이 농업과 농민에게 미치는 영향 | 박기윤
행정 보조금의 의미와 개선점 | 구자인
마을 자립 과정에 대한 보고서:
협동조합젊은협업농장 주변에 투입된 보조금에 관하여 | 정민철
벼림 | 농업·농촌·농민 연속좌담 5
농촌 마을에 보조금이 들어오면 | 강마야, 구자인, 김정섭, 정민철
서평 | 책 너머 삶을 읽다
정착이라는 신화: 『농경의 배신』 | 장정일
삶의 자세로서 '리터러시': 『유튜브는 책을 집어삼킬 것인가』 | 김건우

통권 7호 | 2021.3.19.
21세기 농촌 마을 문화의 재구성

열며
공통적인 것과 문화하는 삶 | 박영선
트임 | 21세기 농촌 마을 문화의 재구성
마지막 혁명 | 함성호
21세기 농촌에서 전통과 민속, 향토와 장소는 무엇인가 | 안승택
농촌의 다원적 정체성과 바람직한 농촌다움 | 진명숙
농촌을 위한 과학, 농촌에 의한 과학 | 유상균
모두를 위한 농사, 탄소를 줄일 적정기술 함께 찾기 | 정영환
리눅스 운영체제로 가꾼 소리텃밭 | 권병준
나날의 살림살이 되짚으며 스스로 성찰하게 도와줄 새로운 미술의 모습을 찾아서 | 김학량
포토에세이 | 한국 근현대 마을 공간 변천기 5
세기말 풍경, 강경江景 1998~2000 | 유현민
스밈 | 농촌으로부터
언택트 공연, 아마추어 기획자에게 1000만 원이 주어진다면 | 조대성
협동조합젊은협업농장 실험보고서 4 | 협업농장과 학습 | 정민철
벼림 | 농업·농촌·농민 연속좌담 6
기후위기와 농사 | 강마야, 금창영, 김정섭, 정민철
연재 | 마을살이를 위한 개념어사전 1 | 커먼즈, 코뮌, 커뮤니티
콤무니스communis의 존재들 | 유대칠
서평 | 책 너머 삶을 읽다
세계사의 또 다른 쪽 | 장정일
제임스 C. 스콧의 『우리는 모두 아나키스트다』
농민, 잃어버린 20년과 앞으로의 20년 | 정기황
리차드 세넷의 『장인—현대문명이 잃어버린 생각하는 손』

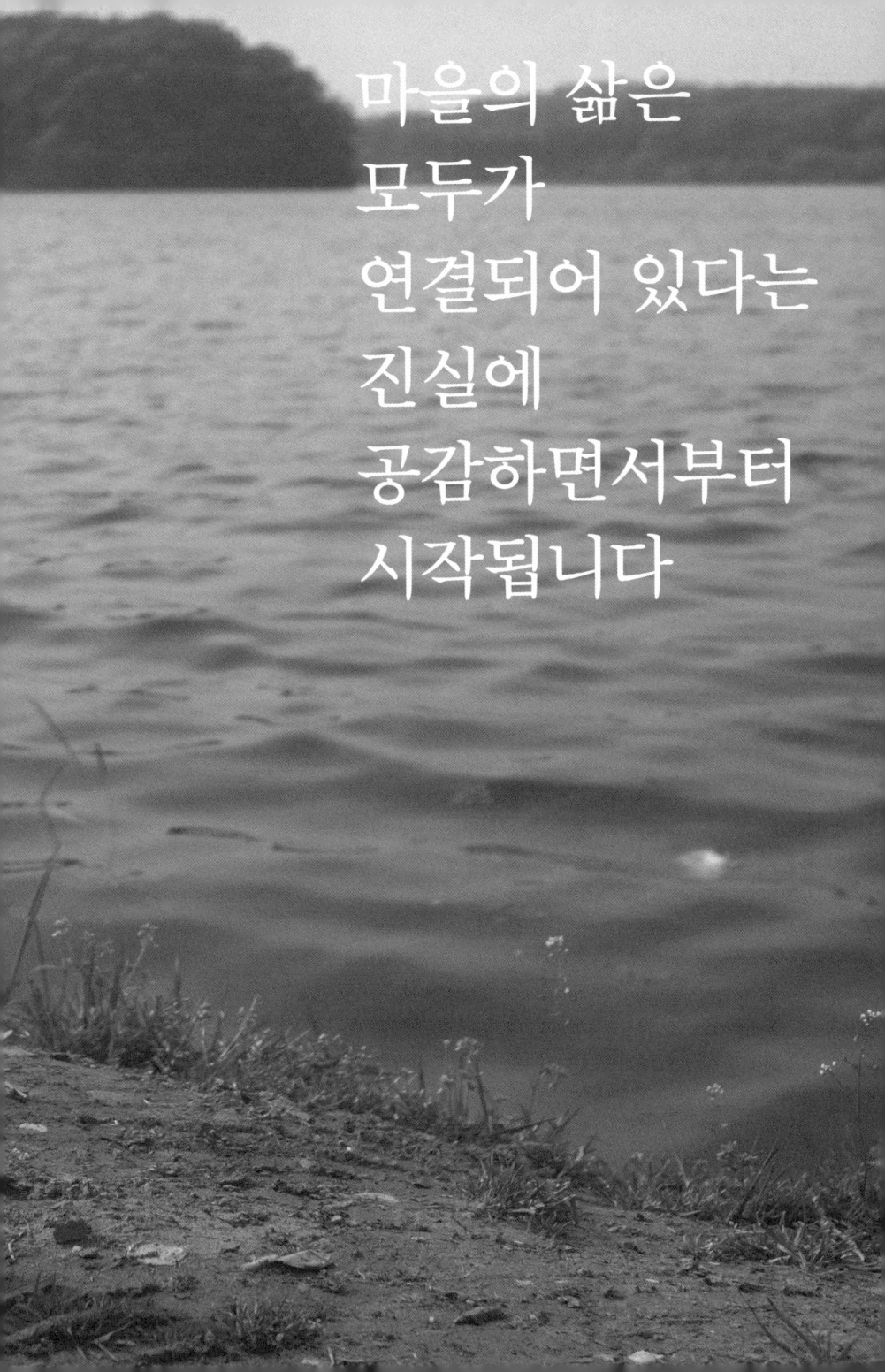

마을학회 일소공도
강학회 講學會

1박2일 12시간 연속 강연!
바쁜 삶을 되돌아보는 휴식과
좋은 삶을 찾는 공부가
깊고 행복하게 농촌에서 만납니다

강학講學은 조선시대 서원에서 스승과 유생이 함께 경서를 강독하고 뜻을 풀이하며 문답하는 학습 방식입니다. 강학 활동 중에서도 강회講會, symposium는 유능한 스승을 모셔 특정 주제나 교재를 중심으로 여러 사람이 모여 며칠밤낮으로 집중적인 논의와 토론을 하는 집단학습을 말합니다. 서원과 마을이 함께 배움의 장을 열고, 스승과 제자가 서로 도와 앎을 이루어가며, 그 공부를 생활세계인 마을의 결속으로 연결하는 강회의 정신은 마을학회 일소공도의 뜻과 맞닿아 있습니다.

❖ 마을학회 일소공도 강학회는 코로나19 방역 수칙에 따라 행사 규모와 환경 및 일정을 조정하여 최대한 안전하게 개최됩니다.

언젠가부터 공부는 대처로 나가서 해야 하고, 농촌은 못 배운 사람들이 힘겹게 일만 하는 곳으로 여겨져 왔습니다. 이런 통념을 뒤집는 발상의 전환이 필요합니다.

농촌이야말로 자연과의 교감 속에서 바쁜 삶을 되돌아보는 휴식의 시간과 공부의 시간이 행복하게 만나는, 생성적 공간일 수 있습니다.

한겨울과 한여름은 농촌에서나 도시에서나 비교적 여유로운 때입니다. 이런 때에 도시와 농촌 사람들이 경계 없이 모여, 한 분야에서 일가를 이룬 사람의 공부와 삶을 깊고 밀도 있게 만나고 대화할 수 있다면 어떨까요?

소비하는 휴가가 아니라 공부와 친교를 통해 삶을 성찰하고 변화하는 휴가를 농촌에서 보내는 것은 어떨까요?

농촌을 공동학습과 성장의 공간으로 재발견하고, 길고 여유로운 호흡 속에서 공부와 휴식의 시간을 누릴 수 있도록, 마을학회 일소공도는

한 분의 강사가 1박2일 12시간 강연하는 강학회를 여름과 겨울 휴가철에 엽니다.

마을학회 일소공도 강학회

제8회 **자본주의와 우리의 삶(가제)** | 2022.2.18~19(예정)

제7회 **농촌에 농민만 살았던 적도 없었고 농민이 농사만 지었던 적도 없었다** | 2020.7.25
임경수 | 협동조합 이장 대표

제6회 **유라시아 견문부터 개벽파 선언까지** | 2020.2.21~22
이병한 | EARTH+ 대표, 원강대학교 동북아인문사회연구소 교수

제5회 **농촌마을정책, 우리 스스로 만드는 정책 설계** | 2019.7.19~20
구자인 | 충남마을만들기지원센터장

제4회 **문명사: 우리는 누구인가?** | 2019.1.25~26
함성호 | 건축가, 시인, 건축실험집단EON 대표
　　　＊소리도움 | 권병준 | 다매체 예술가

제3회 **한국농업사: 땅과 농민의 삶** | 2018.7.27~28
박석두 | 한국농업사학회 회장, 전 한국농촌경제연구원 선임연구위원

제2회 **현대한국지성사: 『대한민국의 설계자들』을 중심으로** | 2018.1.19~20
김건우 | 대전대 국어국문창작학과 교수

제1회 **농민의 자율성, 체계의 변화** | 2017.7.28~29
김정섭 | 한국농촌경제연구원 연구위원

함께 모여
　공부하는 마을

『마을독본』 특집 주제

창간준비 1호 **마을의 주민조직**

창간준비 2호 **마을의 공동재산 관리**

제1호 창간호 **마을자치규약**

제2호 **마을 회의와 기록관리**

제3호 **마을공동체 농업: 초고령화 시대의 농업**

제4호 **마을공동체 복지: 요람에서 무덤까지, 농촌복지의 길**

제5호 **마을교육공동체: 학교와 마을은 어떻게 만날까?**

제6호 **마을의 후계자: 누가 마을을 이어갈 것인가?**

제7호 **읍면과 행정리: 주민자치회 전환과 직접민주주의**

제8호 **농촌마을교통: 우리에게도 이동할 권리가 있다**

제9호 **마을회관: 농촌공동체 복지의 중심공간**

제10호 **마을 경관: 자연과 더불어 살아가는 주민들의 약속**

제11호 **농촌 마을건축: 마을공동체의 삶을 담는 그릇**

제12호 **마을계획: 5년 앞을 내다보는 실천**

제13호 **마을만들기협의회: 마을과 마을의 연대와 협력**

제14호 **마을 네트워크 법인: 농촌마을정책의 주인공**

제15호 **마을만들기 행정, 공무원도 마을활동가**

발행처 | 충청남도·충남연구원·충남마을만들기지원센터
값 10,000원 | 구입문의 시골문화사 010-3191-0477

충남연구원 충남마을만들기지원센터에서는 농촌 마을 지도자들이 읽을 만한 학습용 잡지로 1년에 네 번 『마을독본』을 발간하고 있습니다. 『마을독본』은 단순히 활동 소식을 전하는 뉴스레터나 신문이 아니라, 들고 다니며 읽을 수 있고 책꽂이에도 보관할 수 있는 실용적인 잡지 형식을 취하고 있습니다. 잡지 명칭은 윤봉길 의사(1908~1932)의 『농민독본』에서 따왔습니다. 이 잡지가 농촌 마을을 지키고 이끌어가야 할 마을 지도자들이 마을만들기를 학습하는 데 밝은 길잡이가 되었으면 좋겠습니다.

평민마을학교

평민마을학교가 생각하는 학습은 일×학습×만들기×나눔이를 통해 21세기 농촌 마을이 앎과 삶, 생활 문화를 생성해가는 과정입니다. 젊은이들이 농촌 마을에서 새로운 삶의 방식을 모색하는 데 필요한, 다양하면서도 서로 연결된 통합적 내용들로 학습이 이루어집니다.

농사, 학습, 놀이를 더불어하며
삶과 앎이 만나는
21세기 농촌의 새로운 마을학습생태계

평민마을학교

평민마을학교는 농촌으로 들어오는 젊은이들에게 농사일과 농촌 마을살이, 자기 성장에 필요한 학습 기회를 제공합니다. 마을로 들어온 청년들이, 마을 사람들과 함께 평생에 걸쳐 학습과 성장을 이어갈 열린 학습생태계를 온 마을로 펼칩니다.

❖ 마을이 교정이고 마을 자체가 학교가 됩니다.
❖ 농사가 농촌 삶의 시작입니다.
❖ 21세기의 농사와 농촌살이에 필요한 모든 일과 주제가 학습 내용이 됩니다.
❖ 서로 가르치며 서로 배우고, 어울려 놀면서 더불어 성장합니다.
❖ 입학은 있지만 졸업은 없습니다.

함께하는 단체

사단법인 홍동밝맑도서관
마을학회 일소공도
마을연구소 일소공도 협동조합
오누이친환경마을협동조합
풀무교육연구소
학교법인 풀무학원

협동조합젊은협업농장
협동조합행복농장
풀무교육농장
채소농장
월천농장

평민강좌

정규강좌
월 마을과 문명
화 마을의 이해
수 《생명수》 읽기 모임
목 유기농업
금 농-다; 농촌에서 공부하다
토 바이시끌(월 1회)
일 성서 모임

특별강좌
겹겹 3 〈농촌 마을을 위한 적정기술, 적정예술, 적정문화〉
현장실습
여름 농진로 학습회
겨울 농진로 캠프
마을학회 일소공도의 월례세미나·강학회·일소공도대회
마을단체들의 특별세미나

✤ 코로나19 상황에 따라 변동될 수 있습니다.

문의

마을로 들어오기
평민마을학교는 단순한 교육 프로그램이 아니라, 농촌 마을에서 살아가며 농민의 일상을 생생하게 경험하는 마을학습생태계입니다.

사무국   충남 홍성군 홍동면 광금남로 658-8 창작소(평민마을학교 공유공간)
홈페이지   commulearn.org
메일   commulearn.org@gmail.com

마을 8	2021년 가을 ǀ 통권 8호	
펴낸날	2021년 10월 20일	

마을학회 일소공도	
편집위원장	박영선
편집위원	구자인 금창영 김건우 김명숙
	김정섭 양병찬 이번영 정민철
사무국	오선재

편집교열	박영선
교정	조희주
디자인	김나영
제호 손글씨	고은이
간지사진	김세빈

펴낸곳	시골문화사
등록일	1981년 11월 2일
등록번호	제460-4600000251001981000001호
펴낸이	정민철

주소	충남 홍성군 홍동면 홍장남로 668
전화	010-3461-5332
이메일	maeulogy@naver.com
	sigolmoonhwa@gmail.com
홈페이지	https://cafe.naver.com/oolocalsociety

인쇄제본	경북프린팅
제작판매	시골문화사
온라인서점 영업대행 및 반품	한국출판협동조합 02-716-5616~9

정가	15,000원 파본은 교환해드립니다.

이 책에 실린 글과 도판은 무단 전재하거나 복제해서 사용할 수 없습니다.

ISBN 979-11-967790-5-4

이 도서의 국립중앙도서관 출판예정도서목록(CIP)은 서지정보유통지원시스템 홈페이지(http://seoji.nl.go.kr)와
국가자료종합목록 구축시스템(http://kolis-net.nl.go.kr)에서 이용하실 수 있습니다. (CIP제어번호 : CIP2019032744)